ENSINO-APRENDIZAGEM
DE PSICOPATOLOGIA:
um projeto coletivo

Ligia M. Ananias Cardoso

ENSINO-APRENDIZAGEM DE PSICOPATOLOGIA:
um projeto coletivo

Casa do Psicólogo®

© 2004 Casa do Psicólogo Livraria e Editora Ltda.
É proibida a reprodução total ou parcial desta publicação, para qualquer finalidade, sem autorização por escrito dos editores.

1ª edição
2004

Editores
Ingo Bernd Güntert e Myriam Chinalli

Assistente Editorial
Sheila Cardoso da Silva

Produção Gráfica e Capa
Renata Vieira Nunes

Editoração Eletrônica
Valquíria Kloss

Revisão
Adriane Schirmer

Dados Internacionais de Catalogação na Publicação (CIP)
(Câmara Brasileira do Livro, SP, Brasil)

Cardoso, Ligia M. Ananias
   Ensino-aprendizagem de psicopatologia: um projeto coletivo / Ligia M. Ananias Cardoso. — São Paulo : Casa do Psicólogo®, 2004.

Bibliografia.
ISBN 85-7396-367-0

1. Psicopatologia – Estudo e ensino I. Título.

04-7221   CDD-154.407

Índices para catálogo sistemático:

1. Psicopatologia: Ensino-aprendizagem: Estudo coletivo: Psicologia   154.407

Impresso no Brasil
Printed in Brazil

Reservados todos os direitos de publicação em língua portuguesa à

Casa do Psicólogo® Livraria e Editora Ltda.
Rua Mourato Coelho, 1.059 – Vila Madalena – 05417-011 – São Paulo/SP – Brasil
Tel./Fax: (11) 3034.3600 – E-mail: casadopsicologo@casadopsicologo.com.br
http://www.casadopsicologo.com.br

*Aos meus mestres, alunos
e pacientes*

Meus sinceros agradecimentos

Ao *Dr. José Vilson dos Anjos* (*in memoriam*), presente ao longo de todo meu percurso profissional e hoje nesse trabalho.

A *Dra. Maria Elisa Parahyba Campos,* pela orientação e dedicação com as quais me acompanhou nesse trabalho.

A *Dra. Ivonise Motta Catafesta,* pela sensibilidade com que acolheu o trabalho e pelas elucidações recebidas no exame de qualificação.

Ao *Dr. Avelino Luiz Rodrigues,* pela leitura e análise criteriosa, que muito contribuíram para a elaboração deste livro.

A *Dra. Maria Cecília Casagrande,* pelas preciosas contribuições que muito me ajudaram na elaboração do texto definitivo.

À *Profª Rosely Gimenes* pela leitura e revisão rigorosa dos originais, essenciais na elaboração final desse livro.

Aos meus pais, *Milton e Anita,* que sempre acompanham e incentivam meus projetos.

Ao meu marido, *Eduardo,* que suportou minhas angústias, minha ausência, estando pontualmente presente em todos os momentos de minha vida.

A *Camila,* filha querida, pela generosidade com que compartilhou desse projeto e, em especial, pelas incansáveis revisões dos textos originais.

Ao meu filho *Thiago,* pelo companheirismo afetuoso, a paciência e bom humor que deram novos sentidos ao cotidiano.

A *Beatriz,* filha que a cada dia me ensina os prazeres e as vicissitudes do amor incondicional.

A *André* e *Cristina,* filhos de coração, por me permitirem compartilhar de suas vidas.

A *Maria José,* pelo carinhoso e fiel apoio cotidiano, sem o qual esse trabalho não teria sido possível.

A *Celso Cardoso Filho* (*in memoriam*), pelas inúmeras e eternas heranças que nossa relação deixou.

A *Silvia* (*in memoriam*), irmã querida que amorosamente ajudou a crescer.

A *Tânia Cocciuffo,* amiga, sincera e cúmplice de todas as horas, com quem divido os projetos e impasses da tarefa de ensinar.

A *Marilia Millan,* amiga querida e grande companheira de jornada, por todas as trocas realizadas ao longo de nossas vidas.

Ao *Dr. Rafael Tassinari* pela retaguarda silenciosa em momentos delicados.

A *Giselda, Karla, Edna,* pela disponibilidade em participar da pesquisa e por todas experiências proporcionadas nesse processo que tanto me fizeram crescer.

Aos *meus alunos* que, ao longo desses anos, vêm ensinando-me a ensinar.

Aos *pacientes* do Complexo Hospitalar Juquery que generosamente compartilharam dessa experiência, lançando-se na aventura de ensinar.

À *Equipe Técnica* do Complexo Hospitalar Juquery pelo apoio, participação e credibilidade depositada em nosso trabalho.

E, finalmente, à *UNIP* (Universidade Paulista), por ter aberto caminho para esse projeto.

Sumário

Prefácio 11
Maria Elisa Parahyba Campos

Palavras iniciais 15

Introdução 25

I – A loucura e a psicopatologia: perspectiva histórica ... 33
A loucura 35
A psicopatologia 41

II – A formação dos especialistas na "loucura" 51
O ensino médico psiquiátrico 53
A psicopatologia na formação do psicólogo 67

III – A criação de um novo método de ensino 81
O primeiro semestre do curso: trilhando um caminho
para o saber. 83
O segundo semestre do curso: trilhando um caminho para o
"fazer-saber". 91

IV – A PESQUISA 103

V – UM OLHAR SOBRE AS VICISSITUDES DA PRÁTICA E OS CAMINHOS DO CONHECIMENTO 113

PRIMEIRO TEMPO: ELABORANDO O TEMA. 113

SEGUNDO TEMPO: UM CONVITE AO "FAZER" 123

TERCEIRO TEMPO: "O FAZER-SABER" 129

CONSIDERAÇÕES FINAIS 143

REFERÊNCIAS BIBLIOGRÁFICAS 147

PREFÁCIO

Nada poderia expressar melhor o conteúdo deste livro do que a expressão utilizada por sua autora nas Palavras Iniciais: "fruto de uma aventura compartilhada".

Com o objetivo de resgatar uma proposta de ensino mais criativa, a autora se propõe a fazer com que os alunos "vivam" uma Psicopatologia na ação, ou, melhor ainda, na interação.

O convívio com os pacientes, a tentativa de criar um discurso próprio para o psicólogo e um discurso que falasse de um *locus* particular perpassam todas as páginas do trabalho.

O "Método Mestiço", assim denominado por seu autor original, remete-nos à nossa "mestiçagem" profissional.

Embora tenhamos herdado alguns modelos de intervenção da Clínica Médica, a cada dia estamos mais distantes do discurso e da ordem médica constituída. O modelo biológico dá lugar ao modelo biopsicossocial, impondo novas reflexões e dando novas dimensões ao processo saúde-doença.

Apesar disso, carregamos ainda uma "mestiçagem" em nossa formação e em nossa identidade. Em algumas faculdades a Psicologia pertence ainda ao grupo das Ciências Humanas, em outras, às Ciências Biológicas e do Comportamento, isto para não falar das dificuldades em separar a Psicanálise da Psicologia.

Atualmente, o psicólogo vem sendo chamado para trabalhos em equipes de saúde, em hospitais, em treinamentos empresariais entre outros campos. Como deve ser esta atuação sem que se repitam os erros já cometidos de tentar transportar para outros espaços o *setting* do consultório particular?

Que formação pode cobrir as necessidades teóricas e práticas em um leque tão diverso e amplo?

É preciso estudar neurofisiologia, alterações da percepção, sociologia, desenvolvimento infantil, práticas psicoterápicas e a lista não tem fim...

Neste trabalho, percebemos que a autora integrou o processo pedagógico à teoria, prática, pesquisa e ainda à questão da reabilitação psicossocial, o que confirma a complexidade da formação do psicólogo em nossos dias.

O desejo de uma nova forma de ensino que introduzisse o "novo" na vida do aluno, que pudesse semear a dúvida e até uma certa angústia gerada pela impotência diante do sofrimento do paciente, parece ter sido plenamente atingido, trazendo em sua realização a gratificante percepção de que o objetivo final – os primeiros passos rumo à reabilitação psicossocial – fora atingido.

Temos consciência da multiplicidade de práticas em saúde mental apoiadas pela produção de conhecimento em Psiquiatria e Psicologia, no entanto, o que podemos perceber no texto a seguir é a possibilidade de repensar nossas práticas, uma vez que a intervenção clínica específica assim o exige.

O respeito pelo sujeito, fosse este sujeito um aluno ou um paciente, demonstra que é possível uma atividade assistencial em saúde, sem o aniquilamento da subjetividade. Ao contrário, é na integração das subjetividades do aluno e do paciente portador de um transtorno psicopatológico, que se torna possível a constituição de uma relação de crescimento para ambos.

Quando passei a partilhar desta assim chamada "aventura", não pude esconder meu entusiasmo pela proposta, que, no início, se enovelava em uma rede que incluía a gratidão ao autor original, um desejo real de transmitir um determinado saber, a definição de uma área específica em um campo tão vasto, enfim um verdadeiro vendaval de emoções.

Pacientemente, ambas – orientadora e orientanda – fomos aceitando isto, deixando germinar uma idéia para depois colocá-la no papel, fazendo as opções necessárias e pagando os preços pelas perdas inerentes.

Quando o projeto tornou-se realidade, a angústia deu lugar ao prazer de perceber a imensa contribuição que o trabalho trazia a todos os que nele estiveram envolvidos, fossem alunos, pacientes, professor e, por que não, orientador.

Hoje, finalmente, Ligia pode convidar mais pessoas para a sua aventura.

Que possamos segui-la, demonstrando a coragem necessária para mudar, para quebrar tabus sem fugir ao rigor científico ou cair no palavreado vazio da artificialidade.

Parabéns à autora e um convite para que todos possam aventurar-se, e, após a experiência da leitura do trabalho, sentir-se como alguém que vislumbrou um pouco mais daquela luz que emana do verdadeiro desejo de compreender e a aceitar o ser humano, com suas qualidades, defeitos, mas com a condição única de poder escolher o desconhecido.

São Paulo, agosto de 2004
Maria Elisa Parahyba Campos

PALAVRAS INICIAIS

Este livro é fruto de uma aventura compartilhada. Trata-se do relato de uma experiência de ensino prático de Psicopatologia, vivida em parceria com alunos do curso de graduação em Psicologia da UNIP e os usuários da 2ª Clínica Feminina do Complexo Hospitalar Juquery.

Originalmente, foi minha dissertação de mestrado em Psicologia Clínica e, nesse sentido, constitui-se um recorte desse trabalho, que agora apresento com algumas alterações. No entanto, essa realização é resultado de experiências aglutinadas ao longo de 20 anos de envolvimento com a disciplina de Psicopatologia, inicialmente como aluna e há 18 anos como professora. Assim sendo, reporto-me neste momento, ao percurso que me conduziu a esse ofício e especialmente àqueles que, por amarem o que faziam, me ensinaram a ensinar.

Em 1987, tive o privilégio de começar a dar aulas práticas de Psicopatologia com Dr. José Vilson dos Anjos. Psiquiatra e Psicanalista, inquietava-se com a orientação médico-psiquiátrica adotada, até então, na transmissão de ensino dessa disciplina nos cursos de graduação em Psicologia. Sua questão era que o modelo médico não contribuía para que o psicólogo em formação desenvolvesse sua capacidade de falar em nome próprio, pois divulga ideais de atuação incompatíveis com os princípios de uma profissão de

16 PALAVRAS INICIAIS

caráter humanista. Trata-se do modelo branco, incutindo no índio os valores europeus:

> Mas o que sobrou dessa gente? Restou apenas a dignidade de um povo que preferiu morrer a perder sua cultura. Não eram preguiçosos nem indolentes, como afirmavam os colonizadores, e, sim, cônscios da responsabilidade de sua gente, de seu povo... Por que falar disso após tantos séculos? Porque a elite cultural brasileira, certa de sua origem européia, continua a fazer o mesmo que os portugueses fizeram com os índios, continua a destruir a cultura – a nossa – que ainda sobrevive graças a esse povo brasileiro – nós – apesar de tudo. Fabricou médicos para estrangeiros, médicos ultra-especializados, muito competentes, mas incapazes de conhecer a dor brasileira em suas formas... Fabricou psicólogos que tratam psicólogos, que tratam de psicólogos... pois, sendo um conhecimento de elite, não há espaço para o povo. Então só lhes resta tratar dos próprios colegas para manterem a profissão e o *status*... (Anjos, 1994, p.23).

Para Vilson, as relações de dominação ancoradas em nossas raízes históricas são reproduzidas no cotidiano, a partir de cisões que fazemos entre os caminhos do possível e do ideal. Assim, sobrepomos aspirações importadas de outrem, à nossa porção "indígena", que resta adormecida dentro de nós:

> Descobri que os cursos eram ministrados por brancos para brancos. Para estudar sobre negros, tinha que fazer cursos exóticos... e, para saber sobre os índios, tinha que me virar. Esse era o brilho do meu curso, os alunos tinham acesso a todas essas informações em um único curso, quer dizer, o branco, o negro, o índio e o amarelo deixavam de ser etnia para ser cultura. E as culturas precisam ser resgatadas, respeitadas. Sabemos, em nosso país, o quanto a cultura branca influenciou a língua, os hábitos, o vestir e o comer, o pensa-

mento, a lógica, as negociações, o casamento e tantas outras coisas. A influência negra também foi marcante no nosso corpo, na altivez e na submissão, na tolerância (...) Mas... e o índio? Onde ele sobrevive? Atado dentro de nós, nas profundezas, no subterrâneo do nosso ser, no nosso sangue. Porém, não é necessário muito para que ele apareça em nosso cotidiano. Ele é o nosso fio de esperança que faz com que o povo brasileiro, apesar de tudo, sobreviva no cochicho, na risada, na capacidade, no humor diante das adversidades, na solidariedade dos pobres e no nosso mimetismo cultural (Anjos, 1994, p. 22).

Na sua busca ao amor do brasileiro, à sua brasilidade, também buscava um método de ensino tão plural quanto nossa cultura mestiça e que também contemplasse a versatilidade exigida pelo campo de atuação do psicólogo em nosso país. E assim denominou de "Método Mestiço" seu pensar e sua forma de conduzir o ensino e a profissão. Para Vilson, a aquisição de conhecimento inicia-se pelo resgate da própria "mestiçagem", ou seja, pelo encontro do aluno com sua verdade, com suas contradições internas, com o desenvolvimento de sua capacidade de amar a si mesmo e ao outro. "Amar a diferença" é o primeiro ensinamento de Psicopatologia e que faz coincidir os inúmeros outros que nos habitam.

Vilson (1994) dizia:

Por sermos "misturados" não temos alma? Não acho correta essa afirmação. Como brasileiros, não podemos continuar com essa crença, devemos usar outras referências para compreender noções essenciais de nossa cultura. Temos alma sim, alma mestiça e, portanto, mais abrangente, porque brotamos da contradição dos puros, da junção destes. E não será isso o amor? Devo afirmar que sim. O amor é dito do ponto de vista analítico como um desenvolvimento. Ele brota espontâneo, natural e, assim, não quer conflitos (...) Se o Brasil nos seus primórdios contou com a formação de tão diferentes povos, cada um com suas culturas tentando prevalecer sobre as demais, a alma brasileira contém todas essas lutas, que, se não vistas, podem continuar dando vazão ao ódio. Se nós soubermos mestiços, contraditórios, estaremos aptos a legalizar o amor dentro de nós, pois temos tido chance de desenvolver (p. 92).

O amor é uma aptidão conquistada pelo apaziguamento com as contradições que habitam desde o cerne da cultura até a essência do eu. Na concepção do Método Mestiço, "amar é resumo de muitos verbos" nascidos e sustentados no antagonismo, nas diferenças. Por isso não se atrela a ideais estéticos e étnicos típicos o "amor ao um". A transcendência dessa modalidade amorosa para o "amor a dois" impõe o exercício da diferença que também nos habilita a modificar o olhar que se dirige ao outro.

Uma vez modificado o olhar, o uso clínico da Psicopatologia também se modifica. Passa a ser o ponto de partida de um encontro, um instrumento para desvendar a dimensão subjetiva do outro, o desenho de suas formas, sustentando suas possibilidades de ser e estar na cultura. Trata-se de considerar a loucura como uma manifestação legítima, que está lá para ser pensada de forma a encontrar um novo sentido.

Mantendo coerência e fidelidade ao seu pensamento, Vilson compôs uma equipe de trabalho também mestiça, formada por psicólogos e psiquiatras. Assim, agregava-se ao projeto, saberes e falas advindos de lugares distintos, cujas diferenças orquestravam uma única melodia: um ensino crítico, criativo e transformador.

Despedimo-nos de Vilson em 1999, ano em que veio a falecer. Sua perda fez cessar em nós, e nos espaços de ensino, a oportunidade de seguirmos juntos nessa jornada rumo ao futuro. Contudo, sua palavra cala tão fundo dentro de nós, que já podemos criar novos mundos. Dele herdamos a paixão por formar, a crença na força de nossas origens e, principalmente, a disposição para viver o ensino como uma grande aventura.

O ano de 1999 foi marcado pela reformulação do "Método Mestiço". Com o início de uma nova turma em Campinas, interior de São Paulo, efetivamos um contrato de parceria com o Centro de Referência Cândido Ferreira, instituição com proposta assistencial diametralmente distinta dos tradicionais hospitais psiquiátricos.

Sua missão é, há dez anos, a reabilitação social do portador de sofrimento psíquico; princípio ideológico que pauta práticas que visam romper com o paradigma asilar. O curso, ministrado naquele contexto, deveria inserir os alunos nas tarefas reabilitadoras, ou seja, nas atividades cotidianas com o paciente, tais como: oficinas abrigadas, casas-moradia, lares abrigados, hospital-dia, etc. Ensino, aprendizagem e intervenção articular-se-iam por meio de uma única ação.

Ampliaram-se os objetivos do ensino e as estratégias também teriam de ser reformuladas. Na tentativa de criar um dispositivo potencialmente capaz de conciliar a demanda pedagógica à institucional, as professoras responsáveis por aquela turma e a equipe técnica do Cândido Ferreira elaboraram atividades que se efetivariam por meio de projetos que seriam partilhados entre os alunos e usuários do local. Tive a oportunidade de dar seguimento a esse trabalho, supervisionando os alunos no desenvolvimento de um processo de aprendizagem que integrava teoria X prática em uma única experiência, ensino x pesquisa e, fundamentalmente, inseria a questão da reabilitação psicossocial no âmbito da universidade.

Confesso que fui capturada especialmente por esse último aspecto, que abria perspectivas para a consolidação de um trabalho há muito pretendido, ou seja, implicar o ensino de Psicopatologia nas questões relativas à desinstitucionalização do portador de sofrimento psíquico, de maneira mais efetiva. Trata-se de considerar o processo de formação como um dispositivo potente na prestação de serviços à comunidade, o que significa introduzir o ensino formador na esfera pública por meio de um novo modelo de ensino e intervenção.

No ano seguinte, uma nova instituição e, naquele momento, diametralmente distinta do Cândido Ferreira. Iniciei uma nova turma no Complexo Hospitalar Juquery, instituição politicamente segmentada, com significações culturais e políticas emblemáticas. Embora tenha sofrido modificações na política de assistência, ainda é um "grande manicômio" que, em função de determinações históricas, alberga hoje um contingente de 1.200 usuários, em sua maior parte moradores com Psicopatologias cronificadas.

Inspirei-me no trabalho desenvolvido no Centro de Referência Cândido Ferreira, porém realizei modificações significativas de forma a adaptá-lo ao novo cenário institucional, frontalmente antagônico ao anterior. O desafio, naquele momento, era inserir-me em uma estrutura essencialmente asilar, com uma proposta de ensino que contemplasse os primeiros passos de um percurso que conduz o sujeito à desinstitucionalização.

A Diretoria de Estágios do Complexo Hospitalar Juquery aderiu ao proposto, o que inicialmente inquietava-me, pois explicitava uma contradição no bojo da instituição, aparentemente insuperável.

Com o tempo, tive oportunidade de conhecer melhor os meandros daquela instituição. Aprendi que as contradições não devem ser superadas, mas, sim, esclarecidas subjetivamente. Assim, rapidamente constatei que as aulas práticas de Psicopatologia instalaram-se em "espaços transicionais abertos" e, por isso, capazes de albergar propostas antagônicas àquela estrutura. Ao mesmo tempo, tive a oportunidade de verificar que esses "espaços" foram possivelmente constituídos pela equipe técnica de Psicologia que vem, por meio de um esforço coletivo, construindo novas referências na política assistencial do local. Contei com adesões e aderi.

Buscávamos uma estratégia de ensino que propiciasse a aprendizagem do diagnóstico psicopatológico, por intermédio de um dispositivo técnico novo e distinto dos recursos, com raízes na Medicina. Isso significa que abdicaríamos das entrevistas formais com os portadores de sofrimento psíquico, já que esse instrumento diagnóstico utilizado como recurso pedagógico lança o paciente em um contexto no qual não está engajado, sem que apresente demanda para tal. Essa experiência, especialmente no que concerne à psicose, pode contribuir para manter o indivíduo numa posição submissa, passiva, de alheamento tão típica desses estados psíquicos. Além desse aspecto, as entrevistas com finalidades diagnósticas no campo desse ensino ocorrem, geralmente, em circunstâncias que favorecem atuações estereotipadas, já que valorizam a pesquisa do sintoma descontextualizado da gama de questões que abrangem as relações do sujeito que sofre, sejam com a família, trabalho, instituição, cultura, sociedade, etc. É evidente que o exame dos sintomas é extremamente relevante, porém o mero conhecimento de suas formas, desvinculado das questões factuais que os envolvem, favorece um diagnóstico duvidoso, desarticulado dos mecanismos que colaboraram para sua tessitura.

Torna-se patente, então, que aspirávamos a uma forma de ensinar que produzisse algo novo na vida do aluno e do portador de sofrimento psíquico, algo que os enlaçasse em um objetivo comum, que tivesse estreita ligação com o cotidiano fora da instituição e, fundamentalmente, atribuísse um sentido pragmático ao aprendizado. Optamos, primeiramente, por subverter a lógica espacial em que se davam as tradicionais entrevistas diagnósticas. Isso significa que, em vez de o paciente vir de encontro ao aluno na sala de aula, este último deveria se empenhar para engajar-se com os usuários em espaços lúdicos, matizados por atividades simples, por nós denominadas de "projetos de ação-reflexão-ação".

Diante dessa proposta, o aluno dará início a uma relação com o portador de sofrimento psíquico, que perdurará por alguns meses, antes de travar contato conceitual com os diagnósticos psicopatológicos. Com isso, pretendemos incitá-lo a buscar o conhecimento desse mesmo diagnóstico, movido pela necessidade de preencher as lacunas advindas de uma relação habitual, contínua com indivíduos que apresentam sofrimento mental profundo. Nessa perspectiva, a aprendizagem é construída a partir das reflexões que o sujeito realiza sobre as experiências emocionais nascidas do encontro com o objeto de investigação, o que resulta numa vinculação afetivo-criativa com a teoria, já que esta se articulará por meio de uma lógica que inclui o saber desconhecido de antemão, o saber do afeto, do inconsciente.

Foi com a intenção de integrar o discurso acadêmico a uma prática assistencial que vislumbre os princípios técnicos e éticos que fundamentam as novas abordagens em saúde mental, que iniciei esse percurso rumo à reabilitação da técnica diagnóstica psicopatológica e, porque não dizer, também pedagógica.

Das indagações, incertezas, impasses, bem como a gratificação proporcionada pela experiência de ensino desenvolvida no Complexo Hospitalar Juquery, nasceu o tema de pesquisa que culminou com a elaboração deste livro. Portanto, o objetivo desse trabalho é o de descrever a experiência de ensino prático da disciplina de Psicopatologia, com atenção voltada à aprendizagem conceitual em Psicopatologia Psicanalítica e, concomitantemente, à desinstitucionalização em saúde mental.

É importante ressaltar que a experiência, aqui relatada, buscou introduzir a Psicanálise nos cânones acadêmicos, conciliando seus pressupostos com referências teóricas advindas da Psicologia Social e Institucional de J. Bleger, Guirado, Guilhon e Lapassade, já que se trata de uma intervenção social concreta no campo de ensino. Acredita-se que a Psicanálise apresenta uma concepção teórica de aparelho psíquico, essencial para subsidiar o psicólogo na investigação psicopatológica. Dentre suas inúmeras contribuições, destaca-se especialmente a relevância do passado individual, o conceito de pulsão no estabelecimento de uma estrutura psíquica que desenha a subjetividade. Estabelece dois grandes eixos diagnósticos – neurose e psicose – que traçam as distintas maneiras de o sujeito inserir-se na realidade e, fundamentalmente, atribui às relações humanas uma função constitutiva.

Tecnicamente pensada como um trabalho que incide sobre as representações e o inconsciente que se articulam no universo simbólico das relações humanas, revela-se como uma forma de intervenção social concreta, que pode incidir sobre a realidade social, e de aplicabilidade nos diversos espaços institucionais.

O trabalho constitui-se de duas vertentes: a teórica, no breve levantamento histórico das principais abordagens a respeito de nosso objeto de estudo; e a experiencial, que corresponde à descrição da proposta de ensino prático de Psicopatologia.

Tendo em vista que a multiplicidade de práticas em saúde mental se sustenta sobre os inúmeros saberes produzidos pelo campo científico da Psiquiatria e Psicologia, o primeiro capítulo examina o percurso histórico do conceito de Psicopatologia, incluindo-se as primeiras indagações a respeito da loucura e retomando as formulações iniciais da Psiquiatria, enfocando os esforços travados para inseri-la no âmbito da Medicina.

O segundo capítulo compreende um breve histórico da formação dos especialistas na loucura, explicitando as relações estabelecidas entre o saber científico e a universidade como dispositivo de divulgação desse mesmo saber.

No terceiro capítulo, descreve-se sucintamente a proposta de ensino prático da disciplina de Psicopatologia desenvolvida neste trabalho, ressaltando os fundamentos teóricos, objetivos e estratégias que efetivaram o processo.

O quarto capítulo apresenta o campo metodológico e o cenário em que foi desenvolvida a pesquisa. Ressalta-se que a pesquisa foi abordada por meio de uma análise qualitativa, fundamentada nos pressupostos de Minayo (1998), por ser esta a referência teórica favorável para preservar o caráter dinâmico da investigação realizada, as dimensões subjetivas dos sujeitos envolvidos no processo de ensino-aprendizagem, os aspectos intersubjetivos que envolvem as relações coletivas e as vicissitudes dos espaços sociais que albergaram nossa proposta.

O quinto capítulo é dedicado à apresentação da estratégia de ensino prático de Psicopatologia que fundamentou pesquisa. Assim, descrevo e analiso o projeto de ação-reflexão-ação, denominado "Feminilidade e Higiene Pessoal", desenvolvido experimentalmente por um grupo de alunos do 4º ano do Curso de Graduação em Psicologia, da Universidade Paulista – UNIP.

Foram empregadas técnicas de observação direta dos sujeitos envolvidos, registro em diário de campo individual e escrita final do projeto confeccionado pelo grupo ao término do trabalho. Optei por separar o material emergente em blocos temáticos, descritos na mesma seqüência temporal em que se deu a realização das tarefas, com o objetivo de descrever com fidedignidade a experiência de caminhar, da aquisição de um pensar ateórico (nessa perspectiva, ingênuo) para a construção de uma teorização em Psicopatologia psicanalítica. Assim, a escrita foi subdividida em três momentos: a elaboração do tema, a apresentação da proposta de trabalho aos usuários e a realização das atividades.

Fundamentada nos referenciais teóricos da Psicanálise, da Psicologia Institucional de J. Bleger, Guirado, Guilhon e Lapassade; a análise final dos blocos temáticos procurou explicitar o conteúdo latente da escrita do projeto "Feminilidade de Higiene Pessoal", sublinhando o significado das experiências vividas no decurso das atividades.

E, finalmente, na última parte, explicito minhas conclusões. Procuro alinhavar as questões emergentes no decorrer da pesquisa, na tentativa de contribuir com todos aqueles que se dedicam ao ensino de maneira geral e, especialmente, ao ensino formador na área da saúde mental.

No que se refere ao ensino de Psicopatologia para psicólogos, que apresenta especificidades, a proposta aqui apresentada oferece condições de se repensar o que se pretende na formação do psicólogo, bem como ampliar o âmbito e as possibilidades de se constituir práticas pedagógicas referendadas por instrumentos reabilitadores.

INTRODUÇÃO

Esta introdução tem por finalidade contextualizar as principais questões que nos movem a propor uma abordagem específica para o ensino da disciplina de Psicopatologia na formação do Psicólogo. Assim, discutiremos a relevância de nosso objeto de estudo partindo de dois vértices: o da assistência à saúde mental, e o da transmissão de ensino dessa disciplina.

Iniciaremos pelo âmbito da saúde mental pública, que, nas últimas décadas, tem sido objeto de uma ampla discussão cuja bandeira de luta é a desmontagem do paradigma biológico de "doença mental" e a crítica ao modelo asilar como tradicional lugar da loucura.

Esse debate, iniciado por trabalhadores que atuavam na rede pública em meados dos anos 1970, colocou na pauta das discussões o saber psiquiátrico e sua prática, que traça limites no viver cotidiano dos indivíduos e, conseqüentemente, no pleno exercício do direito à cidadania. Assim, inspirado nos Princípios Universais de Direitos Humanos e na Psiquiatria Democrática Italiana, o movimento pela Reforma Psiquiátrica visa, por meio de um esforço coletivo de reflexão e invenção, construir novas referências sobre o fenômeno da loucura, que considerem, em seus princípios, as questões do sujeito, bem como a dimensão sociocultural em que se insere.

No cenário da prática assistencial, essas aspirações têm sido o motor de ações políticas que reivindicam nos órgãos públicos uma

26   INTRODUÇÃO

transformação da assistência psiquiátrica nacional. Pretende-se o fechamento dos antigos manicômios aliado à construção de práticas substitutivas radicalmente opostas aos modelos hospitalocêntricos. O desafio desse momento contempla este último aspecto, já que *reformar* implica em *formar novamente*, um novo modelo assistencial, que ocupe o lugar do velho, sem, contudo, reproduzi-lo.

Na tentativa de responder a esse desafio, as entidades governamentais estaduais e municipais têm se mobilizado para implantar novos equipamentos no serviço público de saúde, mediante a contratação de profissionais de formação universitária de diversas áreas. Nessa perspectiva, os profissionais de saúde serão os principais autores dessa nova história. Portanto, a modificação pretendida veicula-se a sujeitos e respectivas subjetividades, o que significa que o trabalho cotidiano pode ser permeado por posições político-ideológicas tão dogmáticas quanto as que condenaram a loucura à exclusão.

Essa conjuntura sugere que as variáveis implicadas na desospitalização são muito mais amplas do que fechamento dos hospitais. As ações políticas estratégicas que negam a hegemonia psiquiátrica são extremamente relevantes, porém, quando tratadas isoladamente, mostram-se incipientes para dar conta da complexidade das questões que envolvem o tema da loucura.

Nesse aspecto, nossa convivência rotineira com funcionários envolvidos nesse campo de assistência tem comumente demonstrado o despreparo das equipes que, muitas vezes, parece ser anterior à capacitação técnico-especialista, que freqüentemente é utilizada, nesses casos, como defesa contra prováveis obstáculos internos preexistentes. Nessas situações, é curioso observar que os avanços do conhecimento sobre o psiquismo humano, bem como o reconhecimento da importância das práticas substitutivas, são inoperantes quando se trata de evitar a reprodução, no embate cotidiano com o portador de sofrimento psíquico, de práticas coniventes com as estruturas asilares conservadoras. Isso significa que os argumentos teóricos não oferecem alento à gama de questões que se interpõe entre a subjetividade e a loucura. É inegável que este campo de atividade requer qualidades pessoais diferenciadas, tal como Amarante (1994) complementa:

> O aparato manicomial, é preciso insistir, não é o hospital psiquiátrico, embora seja a mais expressiva instituição na qual se exercita o isolamento: é o conjunto de gestos, olhares, atitudes que fundam limites, intolerâncias e diferenças, em grande parte informadas pelo saber psiquiátrico, existentes de forma radicalizada no hospício, mas presentes também em outras modalidades assistenciais e no cotidiano das relações sociais (p.141).

Na perspectiva do autor, deduz-se que as questões implicadas na segregação social da loucura estão aquém dos manicômios. Pertencem aos domínios das ações que, por sua vez, são motivadas por determinações da subjetividade que, segundo Amarante (1994), "fundam limites, intolerâncias e indiferenças", sustentando a cultura da exclusão.

Com isso, há de se cuidar para não se restringir as discussões sobre a segregação social da loucura a considerações estruturais externas, sejam sociais, econômicas, políticas ou ideológicas. É inegável que as medidas políticas e legislativas a favor da desconstrução do aparato institucional tradicional são relevantes, já que interditam terapêuticas desumanas sustentadas por argumentos científicos. Além disso, essas medidas provocam transformações no imaginário cultural, com a inserção de teorias mais humanas, que consideram os fatores ambientais e sociais que também corroboram na tessitura do sofrimento psíquico. Mudanças efetivas, entretanto, não ocorrem somente por meio de caminhos racionais. Elas também devem incidir sobre as premissas que habitam as fendas da própria cultura que tece concepções que possam resguardá-la de verdades que lhes são insuportáveis. Para Barros[1] (1998), a desconstrução dos

---

[1] BARROS, D.D. Cidadania *versus* periculosidade social: a desinstitucionalização como desconstrução do saber. In: AMARANTE, P. (org.). Psiquiatria Social e Reforma Psiquiátrica. Rio de Janeiro, Fiocruz,1998.

28 INTRODUÇÃO

manicômios envolve "as idéias, as noções e os preconceitos que a acompanham e modelam e que são parte do imaginário mesmo daqueles que, conscientemente, desejam destruí-la" (p. 191). Nesse momento, cabe-nos situar que espécie de verdade que a loucura encerra?

O efeito aterrorizante da loucura foi apontado por Freud[2] (1919) que denominou de *Unheimliche* ("estranho familiar") a uma forma de angústia, vinculada à impressão assustadora que "se liga às coisas conhecidas há muito tempo e familiares desde sempre". Salientou que "o efeito estranho" emerge de uma tênue percepção sobre a "ação de forças previamente insuspeitadas no outro, mas que ao mesmo tempo remetem à consciência dessas mesmas forças em remotas regiões do ser".

Autores como Winnicott (1963), Ogden (1989), Herrmann (1992), Ionescu (1994) referem que o confronto com a experiência da loucura convoca-nos a pensar em possibilidades do existir humano, que até então jaziam adormecidas dentro de nós. Trata-se de conferir ao humano as expressões de dilaceramento subjetivo, de ruptura com os significados da existência coletiva compartilhados pela cultura.

A estranheza, a perplexidade que o encontro com esse fenômeno desperta, fazem emergir o impensável e esboçam algumas, dentre as inúmeras experiências angustiantes que o psiquismo necessita combater por meio das representações. Essas, por sua vez, podem cooperar como defesas que sustentem a violência institucional, transmutando-se em saberes objetivos que, evidentemente, prenunciarão as ações diante de um objeto.

Nessa perspectiva, qualquer questionamento sobre os aspectos envolvidos na exclusão social da loucura só é viável, se analisado a partir das estruturas e subestruturas que condenam o sujeito à violência institucional.

Isto posto, pensamos que as referidas subestruturas referem-se às subjetividades daqueles que estão diretamente implicados no atendimento ao portador de sofrimento psíquico, ou seja, técnicos,

---

[2] FREUD, S. (1919). El Sinistro. Madrid, Biblioteca Nueva, 1945. v. III, p. 2.482.

familiares e a comunidade. Estes, por intermédio de condutas rotineiras, sustentadas por uma maneira especial de conceber a loucura, materializam, no cotidiano, as concepções pessoais e culturais sobre o fenômeno em questão. Nesse contexto, ressaltamos as contribuições dos autores que pesquisaram sobre esse tema e concluíram que as representações tendem a determinar as atitudes do sujeito diante do portador de sofrimento psíquico, tanto na prática profissional presente quanto na futura, na medida em que fornecem os subsídios para antecipar os significados que pautarão as experiências do devir (Cocciuffo, 2000; Vaisberg, 1999; Tassinari, 1995; Machado, 1992).

Independentemente do recorte priorizado por esses autores para contextualizar os complexos afetivo-representacionais, implicados na experiência com a loucura, os estudos apontam com unanimidade que desospitalizar envolve medidas modificadoras que são anteriores às questões institucionais. Tais medidas devem incidir mais precisamente nas concepções culturais, tecidas a partir do entrelaçamento de subjetividades, para explicar o fenômeno da loucura. Adentramos agora nos domínios da formação de conceitos e atitudes profissionais, únicas habilitadas a legitimar e perpetuar as modificações propostas. E é nesse contexto que a universidade se insere, já que comporta no bojo de seus objetivos o compromisso de "formar".

A Psicologia tem se mostrado sensível a esse apelo. Assim, elaboram-se novas propostas curriculares que enfatizam a capacitação profissional por meio da prática, que hoje é reconhecidamente um instrumento potente para atender a uma dupla demanda: construir um fazer psicológico eficiente, condizente com o exercício da cidadania, aliada à oferta de serviços especializados à população. Nesse sentido, mobilizam-se recursos acadêmicos estratégicos que cooperem para a concretização dos objetivos demandados pelo cenário da saúde mental, ou seja, recursos que incluam a prática, o fazer, como estratégia de aprendizagem. O foco da formação transcendeu a relação entre o aluno e o conhecimento formal para ocupar os espaços públicos-sociais, integrando o exercício da cidadania à função do psicólogo.

30 INTRODUÇÃO

Contudo, o movimento, com vistas à revisão de conteúdos e estratégias formadoras em Psicologia, decorre da constatação de que as atuações profissionais ainda mantêm-se atreladas às suas raízes, ou seja, às influências históricas marcadamente liberalistas. A esse respeito, as pesquisas que caracterizam o perfil de atuação do psicólogo, hoje, ressaltam que há uma forte tendência a excluir os intervenientes da cultura na compreensão da subjetividade, o que reproduz no campo filosófico-prático o mesmo ser humano escotomizado do Positivismo. Bock (1997), ao estudar o tema, reafirma que as distorções na formação do psicólogo têm sua origem nas raízes liberais positivistas da disciplina, que produziu a naturalização do homem e o concebeu a partir da natureza humana. Para a autora, o psicólogo hoje concebe "o fenômeno psicológico como algo que o homem já possui aprioristicamente" (p. 37).

Verificamos ainda um outro aspecto que comumente se observa no campo do exercício profissional. Refere-se a uma certa relutância do psicólogo em integrar o conhecimento psicopatológico ao cotidiano clínico. Com isso verifica-se que as questões que envolvem especialmente o campo das psicoses tendem a ser devolvidas à Psiquiatria. Tal conduta é normalmente justificada a partir de interpretações reducionistas, que retiram do saber psicológico seu potencial teórico-técnico para abordar as intensidades advindas de tal sofrimento psíquico. Essa postura subtrai esse fenômeno psicopatológico do universo psíquico, conferindo tais manifestações exclusivamente à especialidade médica e repetindo a mesma escotomização de ser humano do liberalismo.

As universidades, de maneira geral, têm contribuído para esse cenário, uma vez que apresentam dissociações entre os ideais de atuação divulgados e a práxis. Assim, por um lado assiste-se às reivindicações por tratamentos humanitários ao portador de sofrimento psíquico, justificadas na necessidade de se ampliar a função do psicólogo nos espaços sociais, bem como na importância de romper com sistemas representacionais estereotipados sobre a loucura, especialmente na formação de agentes de saúde. Por outro lado, algumas universidades de Psicologia ainda ministram o ensino de Psicopatologia fundamentado em referências teórico-metodológicas eminentemente positivistas de inspiração médico-psiquiátrica. Essa dissociação teórico-metodológica no cerne da formação configura atitudes clínicas que tendem a reeditar esses conflitos no cotidiano. Assiste-se, assim, a atuações normativas-adaptativas que buscam suprimir sintomas em nome de uma pretensa "cura", por meio da apropriação dos instrumentos diagnósticos da Medicina.

Essa análise sugere que o ensino de Psicopatologia – responsável pela formação de futuros agentes em saúde mental – revela-se profundamente relacionada com os aspectos subjetivos, filosóficos, éticos, políticos e metodológicos que fundamentam e qualificam práticas em saúde mental. Ainda que este se constitua na difusão de conhecimentos teórico-formais, pode contribuir para a "deformação" de condutas profissionais futuras, na medida em que, dentre as diversas abordagens teóricas produzidas, verificam-se tendências vinculadas a sistemas ideológicos que podem favorecer práticas profissionais segregadoras.

As considerações aqui apresentadas serão aprofundadas nos próximos capítulos, por meio do exame do desenvolvimento do conceito de Psicopatologia ao longo da história, bem como a repercussão dessas produções científicas no campo da prática e do ensino acadêmico.

I

A LOUCURA E A PSICOPATOLOGIA: PERSPECTIVA HISTÓRICA

O louco e sua loucura habitam o arsenal de indagações humanas muito antes de adquirir o estatuto de ciência no século XVII, e é a este percurso histórico que dedicaremos nossa atenção neste momento. Assim, faremos um breve retorno à história do conhecimento, examinando os primeiros registros que abordam esse tema, incluindo as formulações iniciais da psiquiatria e estabelecendo as devidas conexões entre o momento histórico-cultural e as respectivas interpretações sobre a loucura. O intuito é de contextualizar a origem da extensa multiplicidade teórica e prática verificada hoje nesse campo científico.

A LOUCURA

"...não se tem ainda a noção exata e precisa do que
distingue, realmente, o louco do homem
sensato. – Não se pode recusar aos loucos,
nem a razão nem o entendimento"...

A. Schopenhauer

Os primeiros registros históricos sobre a loucura remontam à Grécia Antiga, período em que predominava a visão politeísta-animista de mundo, que conferia às divindades o poder decisório sobre as ações humanas. Assim, divino e profano dialogavam com as experiências da cultura grega e subsidiavam as explicações sobre os fenômenos rotineiros do cotidiano. A loucura, nesse contexto, não tinha qualquer implicação patológica, já que correspondia à manifestação imperativa da vontade dos deuses sobre a capacidade de arbítrio humana. Conseqüentemente, reservava-se ao louco o lugar de mensageiro da palavra divina, o elo entre o mundo sagrado e o profano. A *Ilíada*, poema épico de Homero (700 a.C.)[3], ilustra a marcada presença do divino nos processos que culminaram com a perda da crítica e da razão.

Não fui eu que causei essa ação e sim Zeus, o destino e as Eríneas que caminham nas trevas: foram elas que colocaram uma atê selvagem no meu entendimento, naquele dia em que roubei, de minha iniciativa, o prêmio de honra de Aquiles. Mas que podia eu fazer? É a divindade que leva a termo todas as coisas. Sim, é a veneranda atê, que ofusca a todos, aquela maldita!

---

[3] HOMERO, *Ilíada*, 18,86 e sgts.

Na obra de Homero, as Eríneas evocam *atê* que corresponde a "estado transitório de insensatez, descontrole mental produzido por alguma divindade sobrenatural, sem conotação patológica" (Pessotti, 1994, p.14). Verifica-se assim que a *Ilíada* postula a concepção mítica religiosa de loucura, que será predominante até meados da Idade Média e se fará presente em nosso imaginário até os dias de hoje. Ainda na Grécia Antiga verificam-se concepções que inscrevem o sofrimento psíquico nos domínios psicológicos e orgânicos. A *concepção psicológica* distingue-se da mítica religiosa na medida em que a loucura não corresponde mais a um episódio dramático decretado imperativamente pelos deuses. É fruto da perda da racionalidade *em decorrência de conflitos* entre a razão e a emoção, o que lhe confere um estado que, embora absolutamente humano, não era considerado normal.

Nos textos trágicos de Ésquilo (525-456 a.C.)[4], constata-se que Orestes vive pelo menos dois conflitos angustiantes, sofridos como o resultado de leis que devem ser cumpridas, sejam divinas, de ethos ou da sociedade:

> Ai, que dardo tenebroso lançam dos sepulcros os mortos, consangüíneos caídos que exigem vingança! Ai, delírio e terror povoam de fantasmas as noites... (...) não sei onde me levará essa minha corrida. Sou como um auriga que tenta controlar os cavalos já fora da estrada. Sempre sou vencido, o ânimo não tem mais freios e me arrasta. E o terror, sobre o coração já entoa o seu canto em uma dança louca, a esse canto, o coração se descontrola. Escutai-me enquanto ainda não perdi a razão... (...) E agoira vou, exilado e errante, vivo ou morto, longe da minha terra e de mim.

As Eríneas exercem função distinta na obra de Homero, não sendo mais causadoras da loucura por meio da promoção de *atê*, mas, sim,

---

[4] ÉSQUILO (1988). *A trilogia de Orestes* (Agamenon, As Coéforas, As Eugênides) – Trad. Davi Jardim, RJ: Tecnoprint – Ediouro.

parte integrante dela, embora ainda preservem seu papel vingador. Constata-se nas expressões de *Orestes* o sofrimento, a dramaticidade diante do estranhamento de si mesmo e o profundo temor de perder a crítica e a razão, em detrimento da vontade divina.

Em Hipócrates (460-380 a.c.), observa-se a substituição da concepção psicológica pela *concepção organicista*, em que a loucura é concebida como conseqüência de desarranjos da natureza orgânica e corporal do ser humano. Nesse momento histórico, o desvario, a perda da razão passaram a ser interpretados como conseqüência da ruptura no equilíbrio interno, em função de desequilíbrios orgânicos que transcendem a possibilidade de escolha ou controle do indivíduo e, nesse sentido, adquirem conotação patológica.

Hipócrates realizou as primeiras descrições sobre a histeria, definindo-a como patologia tipicamente feminina de etiologia uterina. Atribuiu-lhe o termo *histera* que na língua grega significa matriz. A tendência hipocrática era de buscar relações entre os fatores etiológicos com os sintomas, que operavam como comprovação da causa presumida. A mesma tendência era observada nas prescrições terapêuticas que buscavam coerência com a natureza das disfunções apresentadas.

Na Idade Média, contamos com o advento do monoteísmo e o resgate da concepção mítico-religiosa de loucura. A opressão da Igreja ao campo científico acabou por semear os germes da mítica demoníaca que se difundiu, nesse período, como uma explicação para o desvario. O louco protagonizava a possessão de espíritos maléficos, por determinação do castigo divino, o que revestia a loucura de uma conotação culposa e moral.

É evidente que na densa religiosidade do cenário medieval, assentada sobre os valores morais da Igreja, as condutas desviantes desses preceitos eram facilmente interpretadas como decorrência da incorporação do demônio no homem. À Igreja cabia a administração dos problemas mentais, bem como a preservação de uma ética divulgada pela tradição cristã, e foi esse mesmo âmbito que elaborou racionalizações teológicas e explicações mágicas para justificar a caça aos indivíduos que se distanciavam das prerrogativas cristãs. É importante assinalar que, a despeito da violência dos procedimentos terapêuticos medievais, a experiência de loucura era pertinente às teorias cristãs sobrenaturais que explicavam o funcionamento do universo. Desse modo, habitava a dimensão trágica da cultura que buscava dar sentidos ao existir humano.

É a partir dos séculos XV e XVI, com o Renascimento, que as práticas exorcísticas vão sendo gradativamente abandonadas. Vislumbram-se mudanças na maneira de conceber a loucura, derivadas das necessidades socioeconômicas impostas pela substituição da economia artesanal pela manufatura.

O trabalho, no fim do século XV, deixa de ser uma fonte de prazer à medida que se deve submeter à disciplina exigida pelas novas formas de produção. Nesse período, em que se priorizava o acúmulo de bens, é que são criadas as primeiras casas de internação para ociosos e improdutivos generalizados.

Nessa perspectiva, o Hospital Geral, ou "A Grande Internação", como denomina Foucault (1978), albergava um contingente indiscriminado de indivíduos que não se adaptavam ao trabalho e, portanto, deveriam ser isolados para a manutenção da ordem social burguesa. Nesse contexto, a loucura passa a adquirir lugar de importância, em função de sua oposição à ordem contratual, responsável pela manutenção do equilíbrio social. O louco, que não se submetia aos princípios disciplinares ditados pela ordem social vigente, representava uma ameaça.

No século XVII, a lógica cartesiana também traça, no âmbito da filosofia, as demarcações entre razão e desrazão, o que destitui o louco da capacidade de pensar e assim justifica seu exílio nas grandes casas de internação. Uma vez despossuído da racionalidade, é amputado na sua condição de sujeito e, nesse sentido, deve subtrair-se do convívio social para disciplinar sua irracionalidade. Portanto, ensaiam-se os primeiros passos que conduzirão ao retorno da concepção organicista e à conseqüente apropriação da loucura pelo saber médico-científico.

E, assim, a tradição de fé foi aos poucos substituída pela ênfase nos aspectos orgânicos da loucura. Com isso, a Psiquiatria foi introduzida na Medicina, a partir da elaboração de teorias organicistas que buscavam abordagens científicas que legitimassem o desvario como patologia de origem orgânica.

O século XVIII, chamado "Idade dos Sistemas", dedicou-se à missão de ordenar os dados médicos e científicos que começaram a se estabelecer no século anterior, buscando dar sentido aos fenômenos estudados. A Química foi sistematizada por Antoine Laurent Lavoisier (1734-1794), que desenvolveu questões essenciais sobre combustão e respiração, e Carolus Linnaeus (1707-1778), médico e botânico sueco, classificou todos os espécimes botânicos e animais em gêneros e espécies, colocando o ser humano na ordem dos Primatas e batizando-o de *Homo sapiens*.

Deve-se considerar que a insistente busca pela etiologia orgânica não nascia da preocupação em investigar as causas da loucura, mas, sim, de definir os aspectos que a caracterizariam. Segundo Katz (1994), a criação das primeiras casas de internação no século XVII tinham o objetivo de "isolar pessoas de comportamentos e falas que deveriam ser afastadas da vida social normativa. Entre elas, encontravam-se os loucos". Até então, os indivíduos que demandavam cuidados públicos eram investigados por diversos saberes, até mesmo não-médicos. Para o autor, a loucura necessitava de um saber que justificasse as internações e é a Medicina "quem terá a palavra mais organizada sobre essa questão, o que resultará em sua medicalização" (Katz, 1994, p. 23).

Em 1777, Cullen[5] elaborou a primeira classificação ordenada de doença mental. Orientado pelo modelo de Linnaeus, excluía das inúmeras variedades de loucura as patologias que não implicassem em lesões das funções intelectuais. Foi o primeiro a empregar o termo

---

[5] CULLEN (1777). *First Lines of the Pratice of Physics.*

"neurose" para designar sintomas que não vinham acompanhados de febre ou afecção localizada no corpo, subdividindo as neuroses em categorias, com descrições clínicas precisas.

Já o delírio, as imbecilidades ou "fartuitas" foram compreendidos por Cullen como lesões na capacidade de julgar, o que as define como um erro de julgamento, produzido por percepções da imaginação, ou por lembranças falsas, que evocam manifestações afetivas desconectadas do objeto que o acarretou. O delírio é denominado loucura, quando não vem acompanhado por qualquer afecção corporal. A natureza da loucura, nesse sentido, decorre de erros do juízo em virtude das percepções nascidas na imaginação, ou memória, o que consolida a sua identidade mental.

Entre os séculos XVII e XVIII, as concepções sobre a loucura modificaram-se vertiginosamente. Os distúrbios de comportamento agregaram-se às explicações vigentes, sendo identificados como diferentes tipos de loucura. As perturbações intelectuais passaram a ser condição para o seu diagnóstico e as alterações afetivas passaram a auxiliar na distinção entre os estados de exaltação e depressão. Apesar dos olhares científicos voltarem-se, nesse período, para as alterações comportamentais, as formulações que relacionavam a etiologia do adoecimento psíquico a fatores etiológicos orgânicos de natureza encefálica predominavam; aspecto que revestiu os passos iniciais da Psiquiatria com resquícios da doutrina hipocrática.

A PSICOPATOLOGIA

*"A loucura, objeto de meus estudos, até agora
uma ilha perdida no meio do oceano da razão;
começo a suspeitar que é um continente".*

Machado de Assis, em *O Alienista.*

Philippe Pinel, matemático e enciclopedista, foi um dos fundadores da clínica médica. Em 1793 assumiu a direção de Bicêtre, local em que realizou modificações nos procedimentos terapêuticos utilizados, que ofereceram subsídios para fundar a Psiquiatria como um ramo da especialidade médica. Esquadrinhou o Hospital Geral e nele reservou o primeiro espaço rigorosamente médico para os alienados.

Foi fortemente influenciado por correntes psicológicas da época, fundamentadas no pensamento de Locke e Condillac, que se opunham às idéias doutrinárias de Descartes. Postulavam o "método-analítico-filosófico", adotado pelos "Ideólogos", grupo em que Pinel se inseria e que, aquecido pelos ideais revolucionários do século XVIII, buscava o conhecimento científico firmado nos moldes da História Natural. Dessa forma, o conhecimento deveria fundamentar-se na observação empírica dos fenômenos que constituíam a realidade.

Essa "teoria do conhecimento" foi aplicada à Medicina, que passou a utilizar-se do método analítico-filosófico para justificar abordagens objetivas diante do assunto estudado. A premissa é que tanto as idéias abstratas como as concretas constituem-se a partir da experiência empírica, responsável pela produção de "sensações" que subsidiam a apreensão da essência absoluta do real.

Foucault (1977), interpreta que:

> (...) analisar nada mais é do que observar em uma ordem sucessiva as qualidades de um objeto, a fim de lhes dar no espírito a ordem simultânea em que elas existem... Ora, qual é essa ordem? A natureza indica por si mesma; é aquela na qual se apresentam os objetos (p. 108).

Pinel (1745-1826)[6], citado por Pessotti (1994), evidencia no prefácio do *Traité* as preocupações analítico-filosóficas, alertando aos futuros psiquiatras para que não se confundam as "ciências dos fatos com especulações metafísicas e rejeitem ficções fisiológicas sem significação, tais como a presença de materiais nocivos no cérebro e no coração". É evidente que se preconizava a observação neutra do real como um dispositivo potente para prevenir as distorções do conhecimento e, conseqüentemente, propiciar sua organização metódica.

Na segunda seção do *Traité*, Pinel, citado por Pessotti (1994), atém-se à descrição objetiva dos quadros clínicos, preocupando-se em definir a natureza da loucura:

> Evitei as discussões metafísicas sobre a natureza da mania, limitando-me a falar das diferentes lesões do intelecto e da vontade, das correspondentes alterações físicas que se podem notar, no exterior, através de numerosos sinais, como os movimentos descoordenados, as incoerências ou os absurdos de propósitos, os gestos insólitos e bizarros (p. 64).

Para Pinel, os quadros clínicos em que predominavam as alterações comportamentais deveriam ser priorizados, pois se ofereciam como importante indicador de lesões no intelecto e na vontade, o que justificaria circunscrever a loucura nos domínios da Medicina.

---

[6] Ph.Pinel, *Traité Médico – Philosophique sur l'alienation mentale*, Paris, J.A. Brosson, 1809.

Ao mesmo tempo, a atitude racional analítica de Pinel era coerente com os ideais reformistas do Iluminismo, que traduziam críticas contundentes à metafísica cartesiana, desconsiderando especulações sobre os fenômenos que não fossem observáveis em sua exterioridade. Pinel partia dessa concepção de ciência. Seu intuito era de apreender o fenômeno da loucura em sua essência, inscrevendo-a em um campo empírico que justificasse as definições etiológicas e classificação sistemática dos sintomas. Mediante a atribuição de lugares físicos ou morais, buscava distinguir o que era da ordem do corpo e das paixões. Descreveu as alucinações; a ideação dispersa dos pacientes maníacos; as imprevisíveis variações de humor e a perda de interesse pelo ambiente, característica das psicoses. Destacou as perturbações da atenção, memória e discernimento, reconhecendo a significação do afeto, apesar de atribuir a origem da alienação a um desarranjo das funções mentais superiores, especialmente intelectuais. Nomeou e classificou os sintomas observados, construindo uma atitude científica nova e modificadora do percurso da Psicopatologia da época, bem como nas terapêuticas empregadas (Pessotti, 1994).

Amarante (2000) enriquece essa compreensão ressaltando que a especificidade da contribuição de Pinel reside nesse último aspecto o que permitiu a constituição de uma "medicina especial" que visava dar conta de questões que até então eram objeto da Filosofia ou do senso comum:

> Se, por um lado, a iniciativa de Pinel define um estatuto patológico para a loucura, o que permite que esta seja apropriada pelo discurso e pelas instituições médicas, por outro lado, abre um campo de possibilidades terapêuticas, pois, até então, a loucura era considerada uma natureza externa ao humano, estranha à razão. Pinel levanta a possibilidade de cura da loucura, por meio de tratamento moral, ao entender que a alienação é produto de um distúrbio da paixão, no interior da própria razão, e não a sua alteridade (p. 42).

Contudo, Birman (1978) interpreta que a preocupação de Pinel em circunscrever a etiologia da loucura em bases empíricas era função de um interesse duplo: epistemológico e terapêutico-curativo.

> Se a psiquiatria tinha a pretensão de pertencer ao campo da Medicina, deveria ser uma Ciência como a Clínica que fundamentava seus procedimentos (...) seria necessário que a medicina mental apresentasse fundamentos estabelecidos, que fossem homogêneos e coerentes com sua prática curativa de forma a lhe validarem (p. 42).

Seguindo o pensamento de Birman, os passos iniciais da psiquiatria visavam construir um corpo teórico com bases empíricas suficientemente consistentes para atrelar o saber sobre a loucura a um saber sobre a cura, e assim inscrever a loucura moral no discurso científico da época.

Mas o que conduzia o homem à loucura moral de Pinel? Segundo Bercherie (1989), as paixões intensas eram as responsáveis pela alienação, quer fossem excessivas ou escassas. Assim, a privação prolongada que provoca rancor, ódio ou contrariedade; os maus hábitos e costumes derivados de educação e convívio social insalubre; as saudades, o remorso, a alegria, ciúme, orgulho e admiração desmedidos; enfim, incluíam-se nessa categoria todos os afetos que, dada a sua intensidade, feriam a razão racionalista.

Nessa perspectiva, Pinel (1725-1826) acreditava que, mesmo alienado, o homem poderia modelar seu destino por intermédio do conhecimento objetivo e da coerência com as normas sociais ideais que, por sua vez, orquestravam valores e atitudes de elevada moral. Diante disso, a reeducação das faculdades mentais passou a ser o primeiro princípio terapêutico-curativo e se efetivava por meio de um procedimento que consistia em: libertar o louco dos grilhões, isolá-lo nos asilos para submetê-lo a tratamentos repressivos cuja finalidade era devolver-lhe a razão que fora devastada pela paixão desmedida. O resultado então, na realidade, foi a antítese da libertação.

Surge Esquirol (1772-1840), discípulo seguidor de Pinel, insuperável reformador de clínicas e hospitais, além de professor de inúmeros psiquiatras importantes do século XIX. Seu livro, *Aspectos médicos, sanitários e médico-legais da doença mental* (1838), foi um tratado completo sobre as doenças mentais e obra de referência durante meio século. Compartilhava das posições de Pinel no que diz respeito às causas morais da alienação, reafirmando as paixões como seus sintomas essenciais e como mais poderosos agentes terapêuticos contra a loucura (Birman, 1978, p. 50).

Contudo, o desenvolvimento vertiginoso da anatomopatologia e da clínica médica constituía um obstáculo para o alienismo, já que deflagravam uma contradição no seio de suas formulações. A questão que se colocava aos discípulos de Pinel era: "como circunscrever a alienação à Medicina, se sua natureza é de ordem moral?". As escolas somaticistas e psicológicas disputavam o domínio da loucura ao buscar fundamentos orgânicos que substituíssem os filosóficos e morais.

Foi Benedict A. Morel (1809-1873) quem reafirmou a alienação nos domínios da Medicina, ao considerar os fatores hereditários de caráter degenerativo como um de seus determinantes etiológicos. Introduz os conceitos de "predisposição e endogeneidade", fundando a atual orientação clínico-etiológica em psiquiatria. Também caracterizou a demência precoce – "démence précoce" – como patologia típica da adolescência, conhecida a partir de Bleuler com o nome de esquizofrenia.

Birman (1978) observou que Morel atribuiu aos centros nervosos uma fragilidade tal que lhes favorece a degeneração, advindo daí as causas das perturbações intelectuais da alienação. Conforme descrito por Birman (1978), Morel acredita que:

Quanto mais desprovido de meios defensivos fosse o indivíduo e mais sensível sua substância cerebral, tanto mais facilmente ele seria possível de ser lesado e de se tornar mais facilmente doente... Neste sistema o alienado é reduzido à categoria de um ser degenerado, sendo assim reenviado ao mundo das subespécies do humano. Degenerado, termo rico nas suas ressonâncias éticas, é através deste mesmo instrumento que colocava o louco como alguém sem meios defensivos para se opor às agressões físicas contra seu corpo, que Morel procurou também explicar a brutal diversidade das civilizações. Existiriam assim as Culturas mais desenvolvidas (superiores), como a européia, e as menos desenvolvidas (inferiores), como os povos ditos primitivos, que seriam certamente constituídos de indivíduos degenerados, sendo por isso mesmo que sua organização social seria inferior à Sociedade (p. 53).

Com a teoria da degeneração de Morel, a loucura – assim como as culturas menos desenvolvidas – tem o destino tragicamente traçado. Conseqüentemente, as diferenças culturais adquirem um caráter valorativo que acaba fundamentando as práticas profiláticas racistas do século seguinte. E é a partir desse contexto epistêmico que o alienismo transcende o asilo para adentrar com sua práxis nos espaços sociais e políticos.

A teoria da degenerescência conquistou a adesão de Magnan, que a aprofundou, conceitualizando loucura como uma predisposição hereditária ou adquirida. Define o degenerado como um sujeito incapaz de superar o estado mental caótico, bem como de adaptar-se paulatinamente aos imperativos morais e intelectuais da realidade. Na perspectiva teorizada por Magnan, o trágico destino do degenerado era traçado a partir da eclosão da patologia.

Embora as teorizações de Morel tenham declinado por volta de 1910, a teoria da degenerescência perpetuou-se como um campo conceitual relevante até o fim do século XIX, quando uma nova corrente de idéias ganha impulso na Alemanha.

A psiquiatria germânica do século XIX superou a escola empirista e racionalista francesa, introduzindo o pensamento romântico, que deu origem a teorias mentalistas. O contexto cultural alemão era diametralmente distinto do espírito iluminista francês, pois portava concepções de homem que priorizavam os aspectos subjetivos e irracionais, em detrimento dos objetivos racionais. Com isso, os historiadores observam que, até meados do século XIX, o pensamento romântico alemão manteve-se com adesões de teóricos que não reconheciam o adoecimento psíquico em seu sentido orgânico.

Contudo, no encerramento desse mesmo século, criou-se uma "reação somaticista" que coincidiu com o advento da neuroanatomia e neuropatologia na Medicina geral. Assim, a tendência psiquiátrica alemã também passa a definir-se pela busca de bases empíricas que tentavam veicular as alterações motoras e sensoriais às funções cerebrais e, dessa forma, supera as especulações teóricas românticas, ingressando definitivamente no âmbito da Medicina.

Emil Kraepelin (1855-1926) foi um dos grandes nomes da psiquiatria alemã, que, respaldado na psiquiatria clássica, estabeleceu conexões entre a loucura e desordens orgânicas decorrentes do mau funcionamento biológico. Desenvolveu critérios de classificação diagnóstica dos transtornos mentais, estabelecidos sobre o curso natural da doença. Esse aspecto lhe permitiu no campo clínico observar as alterações comuns às psicoses maníaco-depressivas, bem como os quadros denominados de *dementia praecox*.

Ainda nesse mesmo período, a proximidade da psiquiatria alemã com a Filosofia inaugurou uma nova corrente psicopatológica: a fenomenologia fundada por Karl Jaspers (1883-1969) que, em 1913, publica um genuíno manual psicopatológico denominado *Psicopatologia Geral*, em que classificou os fenômenos observados a partir de uma descrição clínica sistemática, porém subsidiada por explicações sobre o início, desenvolvimento e curso da doença, enfatizando as vivências subjetivas correspondentes às patologias.

Sistematizou a semiologia psiquiátrica ao agrupar pares opostos, contrapondo os fenômenos subjetivos (como os delírios) aos distúrbios objetivos que causam alterações de rendimento (tais como atenção, memória, inteligência; as doenças de origem orgânica, cerebral até as psicoses endógenas). Com isso, chamava a atenção do clínico para as distinções entre "processo" e "desenvolvimento" dos quadros psicopatológicos.

Jaspers concebe que os "processos" não são passíveis de compreensão, pois decorrem de rupturas na seqüência das manifestações psíquicas, o que faz com que percam as conexões de sentido. Conseqüentemente, rompem-se os encadeamentos históricos – biográficos que oferecem os significados da existência.

O "desenvolvimento", por sua vez, não implica na ruptura com os sentidos do existir e corresponde a alterações no curso normal da personalidade, portanto é passível de compreensão e inteligibilidade. Assim, estabelece as distinções entre a psicose que se relaciona aos "processos", e a neurose compreendida como o "desenvolvimento" normal da personalidade.

Nesse mesmo período surge Eugen Bleuler (1857-1939), psiquiatra suíço que desenvolveu seus estudos em psiquiatria primeiramente em Berna e posteriormente em Paris, onde foi discípulo de Charcot (1825-1893) e Valentin Magnan. Após Paris, Bleuler seguiu seus estudos na Alemanha num período em que a nosografia de Kraepelin (1855-1926) predominava. Apesar de reconhecer o mérito da classificação psicopatológica elaborada por Kraepelin, criticava sua concepção normativa e repressora de loucura, especialmente no que se refere ao tratamento carcerário dispendido aos alienados nos asilos.

Para Roudinesco (1998), Bleuler foi fortemente influenciado pela escola francesa de Charcot e de Bernheim (1892-1953) que buscavam constituir uma nova clínica da loucura:

(...) fundada não mais na abstração classificadora, mas na escuta do paciente: queriam ouvir o sofrimento dos doentes, decifrar sua linguagem, compreender a significação de seu delírio e instaurar com eles uma relação dinâmica e transferencial (p. 79).

Em 1911 publicou sua grande obra denominada *Dementia praecox oder Gruppe der Schizophrenien,* em que desenvolveu um modelo estrutural das esquizofrenias que fundamentou uma abordagem clínica orientada para a escuta e a transferência. Contudo, Bleuler não renunciou à etiologia orgânica e hereditária da loucura, o que posteriormente acabou produzindo uma ruptura com a psicanálise freudiana que ensaiava os primeiros passos naquela época.

O advento da Psicanálise ganha impulso no século XX com Freud (1856-1939). Influenciado pelo romantismo alemão e as idéias de Charcot e Pierre Janet (1859-1947), interessa-se pelo inconsciente e suas manifestações no cotidiano do homem comum.

Em 1900, publica *A Interpretação dos Sonhos,* introduzindo uma técnica para o estudo dos sonhos que resulta em uma teorização sobre o inconsciente, o desejo, as fantasias e a formação dos sintomas.

Na concepção freudiana, os sintomas e os sonhos têm a mesma origem e sofrem processos psíquicos similares. Correspondem à realização de desejos inconscientes que, dada sua incompatibilidade com a consciência, devem permanecer ocultos a ela. Diante disso, o psiquismo realiza um trabalho de elaboração da energia pulsional que consiste no estabelecimento de um acordo entre a pulsão e as instâncias censoras, que acabam por tolerar a expressão do desejo, desde que sua manifestação seja, tal como nos sonhos, deformada.

As teorizações de Freud rompem com o paradigma da normalidade, à medida que deslocam os processos mentais, até então ditos "anormais", dos domínios da patologia para os domínios do existir humano. Nessa perspectiva, os sintomas, contemplados como produto da ação de forças pulsionais opostas, inerentes ao funcionamento psíquico do homem, albergam significações que só a palavra pode revelar. E, assim, a Psicanálise atribui um sentido à loucura que lhe restitui a palavra perdida no decurso de sua história.

Esse breve retrocesso ao percurso histórico da Psicopatologia revela o profundo entrelaçamento estabelecido entre as produções advindas desse campo do conhecimento, com concepções de ser humano edificadas sobre os recursos disponíveis na cultura. Assim, os inúmeros lugares ocupados pelo "louco", desde as primeiras indagações sobre a loucura até o nascimento da Psicopatologia, explicitam um saber subjacente que, por sua vez, sustenta-se sobre sistemas ideológicos que se universalizam e se mantém ao longo do tempo.

Cada época e cultura contam com mecanismos de divulgação dessas ideologias que acabam garantindo tal universalização. Os agentes formadores correspondem a um dos dispositivos de propagação da ideologia, do saber e das ações, temática que será abordada no próximo capítulo, por meio de uma análise reflexiva sobre a formação dos "especialistas na loucura": o médico e o psicólogo.

II

A FORMAÇÃO DOS ESPECIALISTAS NA "LOUCURA"

Neste capítulo, serão expostos, em um primeiro momento, os caminhos percorridos pelo ensino de Psicopatologia ao longo da formação "médica especialista", por meio de uma retomada histórica e, em seguida, será relatado o trajeto da mesma disciplina nos cursos de formação de psicólogos. O objetivo é contextualizar o espírito ideológico predominante nos primórdios da pedagogia psiquiátrica, para refletir sobre as modificações sofridas, ao longo do tempo, bem como o sentido da aplicação de seus métodos nos cursos de formação de psicólogos nos dias atuais.

O ENSINO MÉDICO PSIQUIÁTRICO

*"Disse o alienista: o principal nesta minha obra da
Casa Verde é estudar profundamente a loucura, todos os
seus diversos graus, classificar-lhe os casos, descobrir
enfim a causa do fenômeno e o remédio universal.
Este é o mistério do meu coração."*

Machado de Assis, em *O Alienista.*

Foi discutido anteriormente que o contexto político-ideológico cultivado por ideais iluministas afastou o "louco" de sua origem, cultura, família e história passada, a favor do desenvolvimento da ciência, transformando-o em objeto de conhecimento, promovendo a loucura ao estatuto de doença mental. Com isso, edificaram-se as primeiras concepções psicopatológicas de caráter essencialmente médico e legitimaram-se os espaços intramuros para pesquisa e conhecimento da nova ciência.

Vimos ainda que Pinel contribuiu de forma significativa no processo de deslocamento, para a área médica, da responsabilidade social, em relação à loucura, quando assumiu a direção de Bicêtre em 1793, libertando os alienados dos grilhões, isolando-os em espaços exclusivos, o que facilitou a observação empírica. Isso culminou na fundamentação da primeira nosografia oficialmente médica. A reforma realizada fundou a Psiquiatria como disciplina distinta da clínica médica e elegeu o Hospital Geral, agora redimensionado, como lugar propício para a produção e o exercício desse saber (Amarante, 2000; Castel, 1978; Pessotti,1999).

Castel (1978) retoma a história da psiquiatria, ressaltando que, apesar de Pinel haver dedicado atividades teóricas e práticas aos alienados de Bicêtre e depois Salpêtrière, foi seu discípulo Esquirol, agregado a outros nomes do movimento alienista, como Falret, Priset, Ferrus, Georget, Voisin, Leuret e, posteriormente Trélat, Calmeil, Foville, Lassegué..., que consagraram a carreira de "especialista" e o ensino da medicina mental. Refere ainda:

O grupo dos alienistas opera, na medicina, um corte original, cuja especificidade permanecerá até a reforma do estatuto dos médicos-chefes dos hospitais psiquiátricos em 1938. Ele realiza a unidade entre uma forma homogênea, defasada em relação ao ensino das faculdades, e um estatuto de funcionário ligado a uma instituição hospitalar. Essa situação difere tanto do exercício privado da medicina, quanto da carreira hospitalar nas faculdades. Ela é o cadinho do "quadro" dos médicos alienistas (transformados em médicos chefes dos hospitais psiquiátricos em 1937), que exerceu até hoje uma influência preponderante sobre a revolução da medicina mental na França. Seus traços originais – distância com relação às universidades quanto à formação, homogeneidade e especificidade do recrutamento, peso das tradições ligadas às condições da prática no meio fechado do asilo, e logo o estatuto, por muito tempo único na medicina, de funcionários a tempo integral, nomeados diretamente pelo poder central – originam-se no ambiente de Salpêtrière (p. 99).

Conforme discutido por Castel (1978), Salpêtriére gesta o movimento alienista oferecendo campo empírico fértil para a formação universitária dos "especialistas em medicina mental". Estes, futuramente, foram designados a ocupar cargos nos serviços públicos parisienses, com a missão de criar novos departamentos para intervir na alienação. A intenção da universidade médica era pretensiosa, pois, além de incentivar a pesquisa da disciplina, se preocupava em oferecer subsídios para sua autonomia, com o intuito de perpetuá-la como agente interventivo-moral do Estado. Castel (1978) engrandece essa discussão informando:

A partir da promulgação da lei de 1838, jovens médicos, escolhidos em sua maior parte dentre os alunos dos mestres eminentes que ensinavam alienação mental nos hospícios de Paris, foram enviados para os Departamentos a fim de organizarem o novo serviço. Esses missionários tiveram que criar tudo (p. 99).

Os ideais libertários do século XVIII determinavam o espírito epistêmico em que ocorria a formação dos especialistas. A razão e a ambição de liberdade, semeada na revolução científica e nos demais movimentos que a precederam, norteavam os critérios nosográficos, interventivos e metodológicos utilizados nas pesquisas sobre "a loucura". Sundfeld acrescenta que o "discurso iluminista anuncia a igualdade e a democracia e corresponde a uma crença no progresso racional da humanidade e a uma esperança sem limites na ciência e na técnica como salvação das misérias humanas" (Sundfeld, 2000, p. 7).

A tradição analítico-filosófica iluminista, que teve como expoentes Locke e Condillac, exerceu influência significativa sobre os parâmetros da ciência. Nesse sentido, a eficácia científica dependia do distanciamento mantido entre sujeito e objeto de investigação, de forma a garantir que a atenção do investigador focalizasse os fatos objetivos, apreendidos por meio da experiência sensível. Marcondes (1998) comenta que "tal princípio metodológico visava à aplicação técnica do conhecimento" e, assim:

> (...) ciência e técnica estabelecem comunicação, aliadas à necessidade da nova classe emergente, a burguesia. A natureza é transformada em objeto de investigação para dominação e exploração em benefício dos interesses do nascente industrialismo burguês (p. 7).

Autores como Castel (1978), Pessotti (1994) e Amarante (2000) constataram, por meio de registros históricos, que os discípulos de Esquirol candidatavam-se ao movimento alienista, formatando-se como analistas do intelecto humano, com a aprendizagem de métodos terapêuticos empíricos. Isso lhes concedia autorização plena para analisar as patologias da mente com o único objetivo de classificá-las e assim nomear os agentes nocivos que feriam a ordem estética burguesa. Nessa conjuntura, as universidades eram orquestradas por regências pedagógicas que recorriam a estratégias coerentes com os princípios racionalistas para abordar exclusivamente as manifestações sintomáticas da alienação, sem indagar-se sobre sua natureza. O precioso relato de Lasègue (1871), renomado médico alienista, discípulo de Esquirol, esclarece os procedimentos acadêmicos da época:

> (...) As aulas tinham uma exposição secundária, mas, ao lado do auditório do anfiteatro, existia o círculo mais restrito dos alunos assíduos. O serviço era acessível a todos, sem formalidades, sem doutrina imposta, cada um estudava segundo as inclinações de suas aptidões, e relatava suas observações pessoais que eram debatidas e discutidas, controvertidas em comum com a indulgente participação do mestre (p. 487).

Os princípios pedagógicos, rememorados por Lasègue (1871), apresentam-se enganosamente similares às propostas de ensino atuais, nas quais o processo de aprendizagem se auto-organiza a partir do desejo do aprendiz. Contudo, no texto de Lasègue, acentua-se a denúncia à priorização da pesquisa, tal como os moldes racionalistas impunham, reduzindo o paciente ao estatuto de objeto "coisificado".

No capítulo anterior, verificou-se que os fundamentos teóricos da nova disciplina advinham da aplicação de técnicas terapêuticas que buscavam os critérios científicos para circunscrever a alienação às causas morais. Assim, os instrumentos formadores visavam atender esses intuitos, priorizando a capacitação do profissional para aplicar as técnicas corretivas, pertinentes às concepções psicopatológicas da época.

Pessotti (1999) refere que, na Itália, o manicômio de Aversa passou a operar conforme os pressupostos pinelianos, indicando que o psicologismo psiquiátrico alastrara-se por toda a Europa. Entretanto, seu objetivo era a cura e tratamento exclusivamente dos loucos, isentando-se de custodiar indivíduos perigosos para a sociedade. O manicômio foi importante centro de estágio para médicos de outras regiões italianas e da França, divulgando o tratamento moral de Pinel e Esquirol. No mesmo período, Lauret ampliou as técnicas pinelianas por entender que o tratamento moral não deveria restringir-se a substituir as idéias delirantes por outras de caráter distinto, mas, sim, eliciar sensações novas e opostas às comumente vivenciadas pelo paciente. Pessotti (1999) ressalta:

> (...) também para Lauret os sentimentos do doente não importam para o tratamento. E muito menos os significados pessoais que ele possa encontrar nos objetos reais ou imaginários. Importante é cumprir as regras internas do manicômio, que devem manter o doente continuamente ocupado. Propõe também que o manicômio se paute por um sistema de punições e intimidações, no caso dos recalcitrantes (p. 138).

Percebe-se, então, que as atitudes clínicas da época aproximavam-se mais de parâmetros norteadores da formação de agentes sociais coercitivos do que de parâmetros apropriados para mobilizar o espírito sensível, tão necessário à formação médica. Com isso, promove-se a dessensibilização do profissional e conseqüente distância afetiva do objeto investigado. Além disso, o teor do conteúdo disciplinar, aliado à autonomia de pesquisa outorgada aos estudantes, é revelador de um olhar científico em que espelha o lugar designado ao alienado no imaginário renascentista, ou seja, o vazio, lugar nenhum.

Conforme exposto por Foucault (1994), o alienado fora cerceado dos direitos aos ideais igualitários compartilhados. Assim, naquele momento, todos têm o mesmo direito à liberdade, exceto os loucos e desvairados, abortados de qualquer identidade, já que a ideologia presente não os definia nem como sujeitos, nem como doentes, nem como criminosos. Assim, segundo o autor:

> Pareceria, sem dúvida, inicialmente que não existe cultura que não seja sensível, na conduta e na linguagem dos homens, a certos fenômenos com relação aos quais a sociedade toma uma atitude particular: estes homens não são tratados nem completamente como doentes, nem completamente como criminosos, nem feiticeiros, nem inteiramente como pessoas comuns. Há algo neles que fala a diferença e chama a diferenciação. Evitemos dizer que é a primeira consciência, obscura e difusa, daquilo que nosso espírito científico reconhecerá como doença mental; é somente o vazio no interior do qual se estabelecerá a experiência da loucura (p. 87).

É importante acrescentar às idéias de Foucault (1994) que as práticas pedagógicas vigentes até então expressavam com fidelidade os valores iluministas e, nesse sentido, abstinham-se de promover indagações sobre a natureza da alienação, restringindo-se a propagar técnicas para dominá-la.

Retomando o percurso do ensino de Psicopatologia, autores que pesquisaram sobre este tema, relatam que, em 1876, a Faculdade de Medicina da Universidade de Paris editou o livro de Ball, docente e médico parisiense, denominado *Leçons sur les Maladies Mentales*. Nessa obra, Ball (1876) critica o "tratamento moral" de Pinel e o exagero "pedagógico" de Lauret, não considerando tais métodos como terapêuticas eficientes, crítica que aparentemente acenava para transformações no pensamento médico da época. Na tentativa de se contrapor às prescrições de seu colega, Ball (1876) institui o tratamento físico, que se subdividia em três tipos: higiênico, médico e farmacêutico. Os recursos terapêuticos higiênicos correspondem às atividades agrícolas, mecânicas, tecelagem, música, pintura, etc. Já os recursos médicos correspondem aos sedativos: banhos quentes com afusão de água fria sobre a cabeça; escuridão completa seguida

LIGIA M. ANANIAS CARDOSO   59

de absurda claridade e os revulsivos, que visavam "descongestionar os centros nervosos, atraindo para a periferia um grande fluxo sangüíneo".

Ball[7], citado por Pessotti (1999), acrescenta:

> (...) o seton. Esse meio é empregado com certo sucesso em casos de paralisia geral... consiste, como se sabe, em fazer uma multidão de picadas de agulha na pele, com ajuda de um aparelho especial e, depois, em excitar o ponto escolhido com um óleo irritante, que produz uma erupção muito abundante (p. 255).

Pessotti (1999) comenta ironicamente que prescrições terapêuticas, como a descrita a seguir, poderiam ser ingênuas, se não compusessem as aulas ministradas por Ball na Universidade Francesa, deflagrando a propagação e legitimação da cultura alienista, autorizada na práxis rotineira.

No que diz respeito aos métodos estimulantes, Ball citado por Pessotti (1999) menciona dois: a hidroterapia e "a eletricidade sob a forma de correntes galvânicas que passam através do encéfalo", similar às terapêuticas vigentes nos dias de hoje. Enfatizava, com o tratamento físico, o *traitament pharmaceutic*, reafirmando o distanciamento da Psicopatologia acadêmica francesa em relação às idéias de Pinel e Esquirol e o retorno da concepção organicista da natureza e etiologia da loucura.

A compreensão sobre os primórdios do ensino de Psiquiatria pode ser enriquecida com elementos essenciais da biografia de Magnan. Em 1863, Jacques Joseph Valentin Magnan, discípulo de Falret, formado nas escolas de Bicêtre e Salpêtriére, é nomeado no concurso de internos dos hospitais de Paris. A explosão demográfica, do fim do Segundo Império, obriga o Barão de Haussman a criar numerosos asilos e, dentre eles, o Sainte Anne. Magnan é designado a dirigir o Serviço de Admissão desse hospital, o que lhe exigiu desenvolver destreza diagnóstica, na

---

[7] B. Ball, *Leçons sur les Maladies Mentales*. Paris: Asselin, Lib. Fac. de Médecine, 1876.

60   Ensino-Aprendizagem de Psicopatologia: um projeto coletivo

medida em que possuía intensa demanda de pacientes. Apesar de trabalhar nas condições impostas por um serviço de urgência, lutou para que fosse abolida a camisa-de-força e o regime de contenção, capacitando técnicos para o acompanhamento das psicoses agudas. Era considerado um "Mestre em Psiquiatria", seguido de Clérambault, por possuir idéias inovadoras e competente habilidade de ensino. Apesar disso, foi-lhe negada a Cátedra de Psiquiatria em Sainte Anne, em benefício de Ball. Henry Ey e Jacques Lacan foram freqüentadores assíduos do anfiteatro em que Magnan ministrava aulas extra-oficialmente. Nela ocorriam freqüentes apresentações de enfermos, com o intuito de demonstrar suas novas descobertas.

As referências bibliográficas sobre a didática de Magnan levam a supor que o distanciamento entre sujeito e objeto de investigação, norteador da clínica da medicina mental, reproduzia-se também na metodologia de ensino, fato que corroborou a transmissão, divulgação e universalização da cultura da exclusão. Paradoxalmente às atitudes clínicas respeitosas de Magnan e aos princípios filosóficos-humanistas da práxis médica, restava ao "louco" manter-se afastado dos candidatos a agentes cuidadores de sua saúde mental. Em 1868, Magnan inaugurou a "apresentação de doentes" como estratégia de ensino médico-psiquiátrico que, desde então, representa um dos pontos altos nos cursos de formação de especialistas (Mahieu, 2001).

A apresentação pública de casos clínicos, nos cursos que Magnan ministrava, consagrou uma estratégia pedagógico-investigativa, que se mantém até os dias de hoje nos cursos de formação médica e psicológica. É importante ressaltar que, na época de 1800, esse cenário era revelador de atitudes clínicas investigativas, coerentes com o modelo científico positivista, sobre o qual edificaram-se as práticas alienistas. Além disso, mostrava a qualidade do olhar dispensado ao paciente como objeto de investigação e o lugar inquestionável ocupado pelo saber médico. Investigações realizadas num contexto em que o indivíduo é publicamente exposto para comprovar "ao vivo e em cores" as evidências de sua insanidade, destituem-no de qualquer possibilidade de ser singular. Isso posto, o paciente nada sabe sobre si, em contraposição ao saber médico que tudo sabe de antemão, antecipadamente à experiência de relação. Nesse sentido, a presença do paciente apenas reafirma o conhecimento instituído.

Pelos trabalhos de Mahieu (2001), sobre a biografia de Henri Ey, pode-se refletir sobre as prioridades deste último na atividade de docência:

> Devido às características próprias do sistema universitário francês, Henri Ey não ascendeu nunca à cátedra oficial, mas sua atividade docente se nutriu permanentemente da práxis clínica e a reflexão teórica sobre a mesma. Essa atividade de docente foi tão intensa e de tal qualidade que o consagrou como mestre. Com emoção recordam os que foram seus discípulos e colaboradores das memoráveis sessões que todas as quartas-feiras animava o Anfiteatro de Sainte Anne, sessões de intensa atividade que duravam toda a tarde, com apresentação de enfermos (um deles sempre médico-legal) entrevistados publicamente pelo mestre e os discípulos, com discussão de caso e uma prolongada aula teórica a cargo de Ey, e conferências por parte de convidados especiais e leituras na biblioteca. Após haver se retirado desse cargo, continuou no Hospital de Thuir uma atividade similar (p. 5).

A partir disso, pode-se refletir sobre o lugar de admiração ocupado pelo saber do mestre e, conseqüentemente, a relevância dada às aulas práticas, cujo destaque era a apresentação de "casos clínicos". Diante disso, torna-se evidente a potência dessa estratégia pedagógica para manter o mestre em lugares idealizados e, portanto, inquestionáveis.

Retomando o percurso histórico; porém, visitando agora a psiquiatria germânica do fim do século XIX, constata-se uma nova corrente de idéias que tomou força nos países de língua alemã, cujo desenvolvimento suplantou a escola empirista e racionalista da psiquiatria francesa (Louzã *et al.*, 1995, p. 14).

Os franceses, mais detalhistas, destacavam-se em observações minuciosas e atitudes clínicas-investigativas coerentes com o espírito filosófico vigente, já os alemães, envolvidos pelo contexto romântico em que se desenvolveu a psiquiatria, afirmavam:

> (...) o aspecto irracional e o sentimento de contato com a natureza e os valores individuais. A empatia *(Einfühlung)* era mais enfatizada do que a razão, pois a primeira era vista como uma sensibilidade que permitiria descobrir os fundamentos do indivíduo e a sua visão de mundo *(Weltanschauung)* (Louzã *et al.*, 1995, p.14).

Segundo Louzã (1995), o caráter especulativo das doutrinas mentalistas germânicas compreendia a alienação como "conseqüência de um conflito entre as características individuais e as pulsões". O autor interpreta ainda que a ausência de base empírica no cotidiano clínico dos médicos e no ensino universitário, justamente com a renúncia a aulas práticas, atendo-se à transmissão conceitual-formal, abria espaço para indagações filosóficas acerca da natureza da loucura.

Ainda, historiando a psiquiatria alemã, Lishman[8] relata que a construção de "hospitais para doenças nervosas", entre os anos de 1840 e 1860, aliada ao surgimento da "escola somaticista" – movimento relativo ao mentalismo especulativo germânico – promoveram o ensino prático de psiquiatria e de neurologia concomitantemente, pois possuíam abordagens afins. A "neuropsiquiatria alemã" nasce desse movimento, pautando-se em investigações realizadas a partir de dados advindos "do plano clínico, anatômico, fisiológico, histológico e neurocirúrgico, cujo intuito era demonstrar a localização cerebral de funções sensoriais e motoras cada vez mais apoiados pela experimentação" (Louzã,1995, p. 15).

Hoje, já decorridos dois séculos desde o surgimento da Psiquiatria, ainda verifica-se o mesmo modelo médico-racionalista-positivista, sustentando práticas de ensino de Psicopatologia nas universidades

---

[8] W.A.Lishman. *Organic Psychiatric*. Oxford, Blackwell Scientific Publ., 1987.

LIGIA M. ANANIAS CARDOSO   63

médicas e, surpreendentemente, nos cursos de graduação em Psicologia, especialmente no Estado de São Paulo, assunto que será discutido na próxima seção deste capítulo.

No que diz respeito à formação médica psiquiátrica atual, as pesquisas acadêmicas de D'Elia (1999) discorrem sobre as dificuldades em selecionar um conteúdo mínimo para compor o programa de ensino médico-psiquiátrico, em razão do "avanço vertiginoso do conhecimento psiquiátrico nos últimos anos", incompatível com a exígua carga horária disponível para o ensino de psiquiatria, que atualmente se refere a apenas 5% do curso médico. Segundo o autor, a desproporção entre carga horária dedicada à Saúde Mental e o grande número de indivíduos portadores de distúrbios que buscam assistência "significa um retrocesso diante da crescente necessidade do médico de dominar o conhecimento psiquiátrico". Destaca, ainda, o papel secundário dado à Psicologia Médica nos cursos de formação:

> (...) a sua inserção no currículo ocorre precocemente, quando o aluno ainda não tem experiência clínica suficiente para empatizar com os temas relevantes da relação médico-paciente (D'Elia, 1999, p. 135).

Embora o ensino médico não se relacione diretamente ao tema desse trabalho, as contribuições de D'Elia (1999) fazem refletir sobre a imutabilidade do ensino psiquiátrico, que se absteve de modificações significativas ao longo de quase dois séculos. Esclarece ainda que tanto a demanda de atuação psiquiátrica, no que diz respeito à população geral, quanto à fonte abundante de conhecimento disponível convergem para um ponto em comum: a oferta e procura. Ora, a indagação imediata que ocorre é "o que impede de incluir na formação médica generalista os aspectos da Psicologia médica e da saúde mental?" ou ainda, "por que não ministrar a disciplina em questão em hospitais gerais, já que a Psicopatologia não é privilégio

64 ENSINO-APRENDIZAGEM DE PSICOPATOLOGIA: UM PROJETO COLETIVO

exclusivo, como D'Elia (1999) coloca, do indivíduo portador de transtorno psicopatológico definido?". Aparecem então questões altamente complexas, merecedoras de um aprofundamento que não se incluem nos objetivos deste trabalho. Contudo, é importante ressaltar que qualquer práxis de ensino é operada por um modelo científico que se relaciona a visões de homem e de mundo específicas. Quando se verifica que o ensino de psiquiatria resiste em incluir-se na práxis acadêmica da clínica médica generalista; que as discussões relativas à saúde mental também não são inseridas no decurso da formação, além de ser privilegiada a utilização de estratégias de ensino que circunscrevem a loucura no campo da patologia médica, pode-se deduzir que as práticas de ensino continuam concebidas segundo os mesmos modelos científicos racionais-empíricos dos primórdios da Psiquiatria.

Isso pode ser verificado na discussão de D'Elia (1999) sobre o programa do estágio hospitalar de psiquiatria da FMUSP, em 1996:

> O programa teórico é composto de 10 aulas teórico-práticas, onde se entrevista um paciente (em grupo) ou se discute casos pertinentes à rotina do hospital geral. O programa prático contém 8 períodos semanais: quatro em ambulatórios didáticos, dois em interconsulta psiquiátrica e dois em visitas à enfermaria. O modelo de ensino em interconsulta procura valorizar a formação generalista do médico... Cabe ressaltar a ausência de atividades em urgência psiquiátrica, fundamental para a formação do médico generalista uma vez que representam situações que necessitam da ação imediata devido ao seu caráter agudo e alta morbidade... No Estágio Hospitalar de Psiquiatria essa participação inclui aulas práticas com entrevistas clínicas dirigidas por um residente com maior experiência, motivação e habilidade didática (p. 11).

Qualquer semelhança entre a descrição de D'Elia (1999) sobre o ensino de psiquiatria, no ano de 1996 na FMUSP, e as aulas de Magnan

(Mahieu, 2000) em 1868, cujo ápice era a "apresentação de pacientes", não é mera coincidência. As questões expostas caracterizam-se como argumentos suficientes para dar início a uma profunda reflexão, especialmente num tempo em que se discutem formas assistenciais substitutivas aos antigos manicômios. O cenário pedagógico atual revela que o tratamento científico dado ao objeto de estudo da psiquiatria ainda não mudou e tende a sustentar-se por mais um longo período.

A PSICOPATOLOGIA NA FORMAÇÃO DO PSICÓLOGO

*"Minha dor é perceber que apesar de termos
feito tudo o que fizemos, ainda somos os
mesmos e vivemos como os nossos pais".*

Belchior

Para contextualizar o ensino de Psicopatologia para psicólogos, no Brasil, faz-se necessário retomar o processo histórico de constituição do ensino básico de Psicologia e, assim, mapear a origem, o desenvolvimento e a aplicação dos pressupostos epistemológicos que geraram as práticas pedagógicas utilizadas neste trabalho.

O objetivo deste capítulo é estabelecer uma linha temporal, que permita visualizar as influências sofridas no ensino dessa disciplina, nos cursos de graduação em Psicologia no Brasil. Para tal, seguiremos com as contribuições de Pessotti (1988), que investigou os passos inaugurais do pensamento psicológico no país, denominando esse período de "pré-institucional"; a história da constituição da profissão e do ensino superior, denominados pelo mesmo autor de "períodos institucionais"; e, finalmente, o ensino de Psicopatologia, inserido na formação de psicólogos.

O primeiro interesse pela Psicologia surgiu no Brasil Colonial, no século XVIII, refletindo influências teórico-européias, advindas de matrizes filosóficas escolásticas, empiristas ou iluministas. As primeiras referências ao pensamento psicológico aparecem em textos elaborados pela elite intelectual da época, tendo, como temas centrais, a Política, a Educação, a Medicina e a Teologia, ou seja, preocupações pertinentes ao Brasil Colonial. Esse período é denominado por Pessotti como "pré-institucional" pelo fato de as produções advirem de lugares distintos e apresentarem-se desvinculadas de um interesse psicológico específico. O autor considera que o contexto intelectual existente era ainda incipiente para caracterizar a ciência recém-chegada como um corpo de conhecimento integrado:

> (...) o que se publica e se lê por aqui com conteúdo psicológico, antes da criação das faculdades, são obras desvinculadas de instituições intelectuais destinadas à Psicologia. São trabalhos individuais, sem compromisso com a construção ou difusão do saber psicológico, escritos por autores interessados primordialmente em objetivos que são, em grande parte, indiferentes ao progresso do saber psicológico per si, ou à ortodoxia de cada obra no contexto de uma Psicologia da época (Pessotti, 1988, p. 18).

Nessa mesma linha de pensamento, Campos (1992a) acrescenta que o conteúdo dos textos publicados revelava preocupações com a educação da cultura indígena, pautadas na pedagogia jesuítico-européia determinista. O teor dessa pedagogia "expressa a confiança de que é possível manipular e corrigir condutas". Durante o século XVIII, agregaram-se a esse pensamento as matrizes iluministas e o crescente interesse pelo método científico, que forneceram os subsídios para o pensamento organicista, no qual se baseou a Psicologia científica.

Já o período institucional foi marcado pela Independência do Brasil, o que promoveu mudanças socioculturais significativas. As produções evidentemente relacionavam-se às preocupações da época e tinham como objetivo garantir a coesão social e manter a hegemonia ideológico-política. Foram, nessa época, criadas as primeiras instituições de produção de saber – faculdades, academias –, e a Psicologia passou a integrar o currículo das faculdades de Medicina, difundindo idéias de cunho filosófico, teológico, médico, pedagógico e moral (Massimi *apud* Bock, 1999, p. 66).

Costa (1989) ressalta que os doentes mentais que habitavam o Rio de Janeiro não se beneficiavam de assistência médica específica e perambulavam pelas ruas, em decorrência da ausência de recursos assistenciais adequados. Aliadas a esse aspecto, as precárias condições de saúde e saneamento da época mobilizaram, em 1830, um grupo de médicos, em sua maioria higienistas, a demandar da Medicina atuações de caráter profilático. Isso foi realizado com a criação de espaços próprios para o tratamento de "alienados", o que representava uma tentativa também de "erradicar as diversas doenças infecto-contagiosas que assolavam o país". Aparece nesse contexto, o pensamento médico-psiquiátrico vigente, responsável pela criação, no interior da Medicina Geral, das Ligas Brasileiras de Higiene Mental, que abrigaram, nos séculos XIX e XX, as pesquisas psiquiátricas ditas relevantes e justificaram práticas psicológicas com finalidades educativas e preventivas.

Antunes (1999) acrescenta:

> O pensamento psiquiátrico brasileiro da época tinha como principal característica o ecletismo, que conjugava o alienismo clássico, especialmente Pinel e Tuke, com o organicismo, em particular numa de suas vertentes, a teoria da degenerescência, fortemente calcada na concepção da determinação hereditária da loucura (...) propunha ações que extrapolavam os muros asilares, propondo a higienização e a disciplinarização da sociedade. Considerava ainda a existência de uma hierarquia racial, estando no ápice a raça ariana e na base a raça negra; muitos teóricos acreditavam ser os negros mais propensos à degeneração por sua inferioridade biológica (p. 45).

Para Massimi (1990), Bock (1999), Costa (1944) e Antunes (1999), a realidade psíquica, nessa conjuntura científica, deixa de estar baseada em preceitos religiosos e morais e passa a integrar as questões relativas à higiene:

Nossa época é dominada pelo mito do saber científico. A este saber é pedido entre outras coisas, que ele estruture os valores que coordenam e harmonizam a hierarquia social. Coube à medicina – como parte desse saber – a tarefa de definir o que é "bom" ou "mau" para os indivíduos. Este trabalho anteriormente exercido pelo saber religioso é o que orienta os indivíduos na busca do bem-estar. A cultura urbana passou de religiosa a agnóstica. O espaço de representações do "bom" e do "mau" transformou-se. A máquina publicitária promete aos indivíduos uma felicidade epidérmica, tátil, felicidade do corpo sadio, do espírito livre (...) O médico tornou-se o sacerdote do corpo e o médico-psiquiatra, em particular, do espírito. As regras de conduta, determinadas pelo saber religioso, transformam-se em regras de higiene mental. A alegria do espírito pode ser obtida, contanto que se conheçam os mandamentos do comportamento sadio e da estrutura psíquica normal (p. 19).

Assim, o estudo científico da subjetividade buscava adaptar o indivíduo ao meio para manter o bem-estar social. A Psicologia mantinha-se, então, atrelada a finalidades normativo-adaptativas.

Os temas psicológicos mostravam afinidades com as práticas da medicina psiquiátrica e os trabalhos científicos de cunho psicológico foram produzidos no interior das instituições médicas, o que enfatiza as contribuições da Medicina no processo que introduziu a Psicologia no Brasil. Dentre as inúmeras produções científicas da época, a tese de Henrique Roxo, em 1900, foi o primeiro estudo característico da Psicologia experimental sobre sensação. Nesse mesmo período, houve a criação de um laboratório de Psicologia experimental dentro da clínica psiquiátrica e a orientação dos primeiros estudos com testes no país, executados por Fernandes Figueira, em 1918, no Hospital Nacional, usando as provas de Binet-Simon (Antunes, 1999, p. 63).

Paralelamente à difusão da pesquisa científica, o período foi marcado pela expansão do pensamento freudiano, que tanto ofereceu elementos para novas produções nas academias médicas quanto

LIGIA M. ANANIAS CARDOSO   71

contribuiu para a autonomia da Psicologia nacional, dado o caráter
eminentemente psicológico dos trabalhos. Autores como Maurício
Campos de Medeiros e Plínio Olinto foram médicos psicanalistas
que se tornaram reconhecidos "pela vasta militância teórica e prática
que corroborou no estabelecimento da Psicologia enquanto ciência e
profissão nesse país" (Antunes, 1999, p. 64).

Mello (1978), Antunes (1999) e Bock (1999) ressaltam ainda a
importância das instituições pedagógicas na edificação da profissão.
Os autores destacam o papel do Pedagogium, academia de educadores
e do Museu Pedagógico, criado em 1890, quando foi organizado o
primeiro laboratório de Psicologia Pedagógica, em 1906,
considerando-o um lugar de relevante produção de textos psicológicos.
Referem-se ainda a nomes significativos como Medeiros e
Albuquerque, Isaías Alves, Manoel Bonfim, que auxiliaram na
construção de uma Psicologia desvinculada da Psiquiatria e
comprometida com a educação. Autores como Lourenço Filho, Noemi
Silveira e Damasco Penna reforçaram as relações entre a pedagogia
de inspiração escolanovista e os estudos psicológicos baseados em
bases positivistas. Helena Antipoff e Pieron contribuíram para o
desenvolvimento da Psicologia. A primeira com a publicação de
trabalhos que vincularam os aspectos psicológicos à aprendizagem;
Pieron, por meio de investigações psicométricas. Ambos abriram
perspectivas significativas para a expansão do pensamento psicológico
em áreas de conhecimento distintas da Medicina.

O pensamento psicológico expandiu, segundo Bock (1999),
influenciado pela Medicina, Pedagogia e Psicanálise, o que
possibilitou a origem de várias concepções sobre realidade psíquica,
que variavam de teorias organicistas, existenciais e espiritualistas,
até materialistas, em que o sujeito é "pensado como em processo de
evolução na sociedade".

É nessa conjuntura epistêmica múltipla e transversalizada por
saberes distintos e, algumas vezes antagônicos, que a Psicologia ensaia
seu ingresso no período denominado por Pessotti como "institucional",

ou seja, quando são inauguradas as primeiras faculdades. Contudo, é importante salientar que as contribuições da educação para a autonomia e o desenvolvimento da nova ciência foram insuficientes para desvinculá-la da Medicina. A conquista de espaços pedagógicos no contexto da educação deve-se aos recursos oferecidos pela Psicologia para a fundamentação de práticas educativas, o que não ocorreu com a medicina psiquiátrica que se define, desde sua origem, como ciência independente.

Disso resulta que na transmissão de conhecimento psicológico, nas academias, estão presentes as influências da Medicina, desde os primórdios do período institucional até os dias de hoje, divulgando, para o futuro psicólogo, o modelo médico como referencial de atuação profissional. A respeito dessa evidência, Cabral[9], citado por Mello (1978), confirma que o ensino de Psicologia no Brasil, desde os primeiros cursos introduzidos nas faculdades, baseavam-se em pressupostos teórico-filosóficos extraídos da Medicina. Menciona ainda que, em 1934, foi criada a primeira Cadeira de Psicologia integrada a uma das disciplinas curriculares da Faculdade de Filosofia, Ciências e Letras da Universidade de São Paulo e que, embora estivesse inserida no curso de graduação em Filosofia, o conteúdo programático inicial traduzia um enfoque eminentemente médico:

> A Psicologia foi lecionada de 1935 a 1944, cumulativamente, com a História da Filosofia pelo professor vindo da França para esse fim, Jean Maugüé. Na melhor tradição francesa, eram suas aulas obras-primas na arte da dissertação, ministrando cursos anuais monográficos sobre Vida Afetiva, Percepção, Personalidade, Memória, nos quais foram expostas e criticadas as idéias da Psicanálise, da fenomenologia alemã, da Gestalttheorie, da Psicopatologia de Janet e Dumas sobre aqueles temas (Cabral *apud* Mello, 1978, p. 36).

---

[9] A .Cabral, *A Psicologia no Brasil*, Boletim CXIX n. 3 da Faculdade de Filosofia, Ciências e Letras da Universidade de São Paulo, 1950.

O autor esclarece ainda que, a partir da contratação de um novo profissional em 1945, a disciplina passou a ser obrigatória nos cursos de Filosofia, adotando um sistema curricular que se manteve até a criação do primeiro curso de graduação em Psicologia, em 1958:

No primeiro ano dois cursos anuais, Psicologia Geral e Experimental e Escolas e sistemas de Psicologia; no segundo ano, Psicologia Social e Psicologia Diferencial; no terceiro, Psicologia da Personalidade e Psicologia Patológica (Cabral *apud* Mello, 1978, p. 36).

Segundo Mello (1978), os cursos de Psicologia no Brasil foram regulamentados em 1962, porém a Psicopatologia foi introduzida como disciplina curricular obrigatória no Curso de Psicologia da Universidade de São Paulo, em 1964, a partir das disposições do Decreto-Lei n. 53.464. Essa primeira reformulação do conteúdo disciplinar foi resultante do amadurecimento do currículo de 1958, proposto em caráter experimental, e visava atender a necessidade de formar um profissional polivalente, capaz de realizar o trabalho psicológico de maneira eficaz.

Porém, a polivalência pretendida continha concepções de profissão e formação, orientadas para o desenvolvimento de práticas interventivas normativas e adaptativas.

A despeito da escassa referência bibliográfica sobre os programas dos cursos de Psicopatologia no passado, o que pode ser percebido, nos trabalhos de autores que investigaram os princípios epistêmicos do ensino de Psicologia, é a opinião de que a Psicologia, como atividade técnica, não tem tradição de prestação de serviços à comunidade. Em vez disso, ela empresta os ideais altruístas da Medicina que colaboram para confundir imagem e objetivos da profissão (Gonçalves, 1975; Mello, 1978).

Atualmente, tem se discutido amplamente sobre a importância da Psicologia transcender suas origens e, assim, desvincular-se da Medicina, tanto no que diz respeito a um modelo de ciência quanto ao seu objeto de estudo. Autores como Bleger manifestam a preocupação em recolocar a Psicologia como ciência, acrescida de uma concepção de saúde-doença que englobe, em sua compreensão etiológica, os fenômenos psicossociais. Tece crítica contundente aos cursos de Psicologia que preparam os futuros profissionais essencialmente para a atividade clínica, "de caráter individual e orientada para a cura", tal como na Medicina. Em suas palavras:

(...) creio que o que realmente corresponde em um seminário de higiene mental é o estudo da administração dos conhecimentos, atividades técnicas e recursos psicológicos que já foram adquiridos, para encarar os aspectos psicológicos da saúde e da doença como fenômenos sociais coletivos (...) desejo promover uma mudança na atitude atual do estudante, tanto como na do psicólogo como profissional, levando seu interesse fundamental desde o campo da doença e da terapia até o da saúde na comunidade; desejo evitar que os psicólogos tomem como modelo do exercício de sua profissão a atual organização da medicina, na falsa crença de que esta pode ser a organização ótima ou necessária (Bleger, 1984, p. 21).

Bleger (1980) propõe um ensino "modificador" de condutas instituídas e sedimentadas, de forma a "reabrir novas possibilidades para a aprendizagem". Parte da premissa que a não-explicitação dos conflitos interinstitucionais e transinstitucionais causa distorções no cerne do processo ensino-aprendizagem, ocasionando prejuízos para o aluno, no decurso de sua formação, com a construção de condutas estereotipadas, como, por exemplo, a identificação com os ideais médicos. Assim, o espaço do ensino-aprendizagem deve ter mobilidade para suportar questionamentos e críticas ao próprio ensino, imprescindíveis para efetivar as mudanças pretendidas. Bleger (1980) explicita seu conceito de aprendizagem:

(...) Preferimos o conceito de que a aprendizagem é a modificação mais ou menos estável de linhas de conduta, entendendo-se por conduta todas as modificações do ser humano, seja qual for a área em que apareçam; neste sentido, pode haver aprendizagem ainda que se não tenha formulação intelectual da mesma (...) Procuramos fazer com que toda informação seja incorporada ou assimilada como instrumento para voltar a aprender e continuar criando e resolvendo os problemas do campo científico ou do tema que se trate (p. 61).

Ensino e aprendizagem são, para Bleger (1980), processos em movimento, nascidos na experiência de relação e/ou ocupação que, uma vez instrumentalizadas por meio de estratégias específicas, "desarmam estereótipos que operam como defesas contra as ansiedades emergentes que tendem a paralisar o processo".

As preocupações em proporcionar um ensino formador coerente às futuras demandas da prática psicológica são compartilhadas por vários autores que contribuíram para esse trabalho a partir de reflexões relevantes sobre a essência do ensino. De maneira geral, os trabalhos denunciam e criticam a influência da Medicina no decurso da formação do psicólogo, e propõem substituir os métodos de ensino de caráter normativo, por estratégias que fomentem atitudes críticas e criativas tão necessárias ao exercício dessa profissão. Tais evidências suscitam a seguinte questão: "se o ensino básico de Psicologia, que não trata de temas diretamente ligados à Medicina carrega e divulga nas entrelinhas ideais clínicos da medicina, o que se pode supor a respeito da Psicopatologia, que advém de tradição explicitamente médico-psiquiátrica?

Ainda em relação à Psicopatologia, é importante lembrar que, além de seu nascimento e desenvolvimento ter ocorrido no interior dos asilos, o que a situa nos domínios da Medicina é o seu objeto de conhecimento, a loucura, fenômeno que *a priori* requer abordagem específica.

Albee[10] relaciona a ambígua identidade do profissional aos cursos superiores que, geralmente, promovem estágio em instituições psiquiátricas. Isso porque esse contexto tende a distorcer o caráter dos serviços que devem ser prestados pelo psicólogo à comunidade, na medida em que pautam o ensino em "modelos, valores e ideologias advindos de outra profissão". Acrescentando ainda que "nas clínicas psiquiátricas, o psicólogo clínico estagiário aprende a falar a linguagem da psiquiatria, aprende a usar e aceitar o modelo da doença (mental) e, freqüentemente, aspira a uma carreira de psicoterapeuta em seu consultório particular" (Albee *apud* Mello, 1978, p. 74).

Campos (1992a) relaciona as dificuldades de desenvolvimento da profissão com a ênfase dada ao "aprendizado de técnicas, em detrimento de uma formação mais ampla, interdisciplinar, que possibilite aos psicólogos participar do próprio processo de criação de conhecimento, em vez de repetir o conhecimento produzido por outrem". Bock (1999) ressalta a necessidade de distinguir o modelo médico do psicológico, no decurso da formação do psicólogo, já que o primeiro vem sendo reforçado ao longo desses anos no ensino universitário. Antunes (1999) interpreta que as incongruências evidenciadas entre Psicologia e Psiquiatria devem-se à dificuldade em delimitar explicitamente as áreas de atuação de cada saber sobre um mesmo fenômeno: o psicológico.

Anjos (1994) analisa o ensino de Psicologia e, especialmente, de Psicopatologia, nos cursos de graduação no Brasil, a partir de uma perspectiva antropológica, considerando que "apreender" nasce da apropriação da experiência instigante individual de desejar preencher as lacunas que o viver propicia. Sua premissa é a de que a aquisição de conhecimento nasce no reconhecimento da experiência singular que percorre a história, da cultura à subjetividade. Nesse sentido, as contradições presentes na formação do psicólogo no Brasil, espelham os resquícios da colonização dos ancestrais europeus sobre os índios, em que os europeus perpetuavam-se nos lugares de produção e

---

[10] G. Albee, *The Uncertain Future of Clinical Psychology*, American Psychogist, 1970.

transmissão de saber. Isso explica o desencontro que hoje se observa entre a oferta pedagógica das propostas curriculares e metodológicas universitárias e as especificidades demandadas por uma nação também singular: originalmente indígena e posteriormente mestiça. Para Anjos (1994), reproduzimos os referenciais europeus, relegando ao segundo plano os elementos de nossa matriz de identidade mestiça, invariavelmente negada. Assim, segundo o autor:

> Sabemos, em nosso país, o quanto a cultura branca influenciou a língua, os hábitos, o vestir e o comer, o pensamento, a lógica, as negociações, o casamento e tantas outras coisas. A influência negra também foi marcante no nosso corpo, na altivez, na submissão, na tolerância, na dor, na sensualidade, no drible, nas crenças, na comida e no anseio à liberdade. Mas... e o índio? Onde ele sobrevive? Atado dentro de nós, nas profundezas (no subterrâneo) de nosso ser, de nosso sangue. Porém, não é necessário muito para que ele apareça em nosso cotidiano. Ele é nosso fio de esperança que faz com que o povo brasileiro, apesar de tudo, sobreviva no cochicho, na risada, na capacidade, no humor diante das adversidades, na solidariedade dos pobres e no nosso mimetismo cultural (...) É na capacidade de lagarto que está nossa contradição, o nosso desrespeito e, talvez, nosso maior respeito. Temos uma formação eclética, sabemos nos virar para aceitar a vida do jeito que ela é. Enquanto houver desrespeito por essa nossa faceta, só driblaremos. Se nos respeitarmos, aceitando nossa condição de mestiços, seremos capazes de crescer e aí virão as mudanças (pp.13-14).

Anjos (1994) apresenta outras considerações, fazendo críticas às academias que utilizam práticas de ensino, especialmente em Psicopatologia, que legitimam e perpetuam as desapropriações culturais por meio da priorização de metodologias de ensino sustentadas por princípios epistêmicos advindos de uma cultura "estrangeira e européia". A esse respeito, refere-se o autor:

(...) os cursos eram ministrados por brancos para brancos. Para estudar sobre negros, tinha que fazer cursos exóticos, em horários exóticos e, para saber sobre índios tinha que me virar. Esse era o brilho do meu curso, os alunos tinham acesso a todas essas informações em um único curso, quer dizer, o branco, o negro, o índio e o amarelo, deixavam de ser etnia para ser cultura. E as culturas precisam ser resgatadas e respeitadas (p.13).

Para Anjos (1994), os modelos de assistência à doença mental, assentados na prática asilar são produtos de formações acadêmicas também firmadas em práticas pedagógicas segregadoras, pois excluem, em seus métodos, a principal característica de nossa cultura: a mestiçagem; além de excluir também as contribuições espontâneas do sujeito – protagonista desse processo: o aluno. O autor propõe a revisão dos conceitos de saúde-doença, bem como das estratégias formadoras, concebidas no modelo médico organicista europeu, que não se coadunam com a diversidade cultural brasileira. Interpreta ainda que o campo de ensino e o trabalho cotidiano com a loucura correspondem a lugares que, *a priori*, abrigam o desencontro entre desejo e exterioridade, oferta e demanda, dada a coexistência de discursos nascidos de contextos distintos. Nesse sentido, o autor propõe que o ensino de Psicopatologia efetive-se a partir da criação de espaços facilitadores à experiência de aprender, estando presente, nesse processo, a crítica e a problematização. Esse espaço de aprendizagem comporta, desde a instituição de ensino, até as crenças que sustentam ideais de igualdade e perfeição. O objetivo do trabalho de Anjos (1994) é lançar o aluno num percurso que lhe permita conquistar a capacidade de "amar a diferença em si mesma", independentemente das diversidades, antagonismos, credo, cor ou etnia.

Contamos com a contribuição de inúmeros autores que analisaram e discutiram os métodos de transmissão de ensino de Psicopatologia nos cursos de graduação em Psicologia e assinalaram a importância de oferecer a essa disciplina um tratamento metodológico que propicie a modificação das pré-concepções sobre a loucura. Tassinari (1996) analisa a influência da aprendizagem de Psicopatologia na modificação do universo representacional de estudantes de Psicologia e seu efeito na prática profissional futura. Vaisberg (1999) analisou vinte e um desenhos seguidos de histórias temáticas e concluiu que o ensino dessa disciplina provoca efeitos modificadores, no que diz respeito às representações sociais sobre a loucura, bem como à qualidade do vínculo do aluno com o paciente.

Cocciuffo (2000) salienta o relevante papel das pré-concepções sobre a loucura como elementos que tendem a facilitar ou dificultar a aprendizagem, bem como a qualificar as atitudes clínicas futuras. Em seu trabalho, utiliza-se da teoria e técnica psicanalíticas para propor a inclusão, no processo de ensino, da angústia dos graduandos diante da loucura, de forma a utilizá-la como ferramenta para a apreensão de conceitos psicopatológicos e, assim, auxiliar no desenvolvimento de um novo olhar sobre o sofrimento psíquico.

Diante do exposto, verifica-se que as dificuldades da Psicologia em definir seu objeto de estudo, bem como o âmbito de sua intervenção, veicula-se ao seu percurso histórico no Brasil. Dessa forma, ingressa no território nacional, tutelada pelas mãos da Medicina, que tinha, no Brasil Republicano, a missão de reordenar o caos decorrente do crescimento urbano. A Psicologia, então, passa a compartilhar desse mesmo desígnio, do mesmo objeto de conhecimento da Medicina e instala-se nos lugares de reprodução desse saber mediante práxis adaptativas-normativas, tão segregantes quanto as manicomiais do século XVIII.

O breve exame ao pensamento dos autores consultados aponta para um movimento dos últimos anos, que visa dar especificidade ao objeto de estudo da Psicologia e, evidentemente, o desenvolvimento de práticas coerentes com os pressupostos epistêmicos da nova ciência. Da mesma forma, busca-se uma abordagem para o diagnóstico psicopatológico, que abarque as finalidades diagnósticas desse mesmo objeto de estudo que, evidentemente, distingue-se da Medicina.

III

A CRIAÇÃO DE UM NOVO MÉTODO DE ENSINO

A Psicopatologia é uma disciplina obrigatória nos cursos de graduação em Psicologia. Envolve uma dimensão teórica, que visa à formação do conceito de doença mental e uma dimensão prática que intenta possibilitar o contato do aluno com o indivíduo portador de transtorno psíquico.

Neste capítulo, será descrita sucintamente a proposta de ensino prático da disciplina de Psicopatologia desenvolvida neste trabalho, ressaltando seus aspectos básicos: os fundamentos teóricos, objetivos e estratégias que efetivam o processo.

Inicialmente será enfocado o primeiro semestre do curso, considerado imprescindível para que o aluno ingresse nas atividades práticas que requerem "ação-reflexão-ação". A segunda parte do capítulo será dedicada ao segundo semestre do curso, com o intuito de discutir o processo de planejamento e execução dos projetos de ação, em sua dimensão teórica, experiencial – prática e estratégica.

O PRIMEIRO SEMESTRE DO CURSO:
TRILHANDO UM CAMINHO PARA O SABER

"Longe de querer despertar prematuramente o artista,
o mestre considera como sua missão primordial
converter o discípulo num artesão que domine
profundamente o ofício."

Eugen Herrigel

Falar da proposta de ensino de uma disciplina, cuja natureza do objeto de investigação coincide com movimentos inerentes à subjetividade do investigador, implica transcender modelos que concebem a aprendizagem como um processo que envolve oferta e consumo de informações. Informar é evidentemente relevante nessa proposta, bem como uma das metas a ser atingida. Contudo, não esgota e sequer explicita nossas pretensões nesse desenvolvimento do trabalho: propiciar por meio do ensino de Psicopatologia a construção de uma atitude clínica-investigativa, pautada na especificidade do objeto de conhecimento e intervenção da Psicologia; o que implica em abster-se temporariamente da transmissão de conceitos para revisitar, com o grupo de aprendizagem, os caminhos subjetivos que pautam as primeiras atitudes diante do confronto com a loucura.

Se admitirmos que a transmissão de um determinado conhecimento esgota-se num diálogo estabelecido entre um emissor e um receptor, significa que o ensino é concebido como um processo essencialmente técnico, instrumentalizado por modelos didático-metodológicos, que visam otimizar a apreensão de conteúdo. A "boa aprendizagem", nessa perspectiva, vincula-se ao acúmulo de informações a partir de um desenvolvimento cognitivo, o que é passível de avaliação objetiva, na medida em que resulta de processos eminentemente conscientes. Essa abordagem se fundamenta em concepções racionalistas, demonstrando fidelidade a princípios científicos herdados do Positivismo do século XIX. Preestabelecer procedimentos metodológicos pode ser suficiente quando se almeja o desenvolvimento cognitivo, a coleta de informações, a organização de dados, a apreensão de conceitos já existentes e legitimados no desenvolvimento da Humanidade.

Ensinar Psicopatologia, entretanto, escapa a tais premissas racionalistas, pois aglutina temas advindos da esfera humana que "escancaram nossa vulnerabilidade diante de dramas pessoais irrecusáveis" (Pessotti, 1994). Esse aspecto reveste esse ensino de especificidades que impõe um *a priori* em seu campo: a apreensão de conhecimento ocorre por vertentes que escapam ao controle consciente, pois inclui o inesperado, o acontecimento, o saber não conhecido de antemão, o inconsciente.

A esse respeito, torna-se interessante conhecer o relato de uma aluna:

> Ao me deparar com tudo que vi, minha angústia foi aumentando e, quando vi os pacientes, parece que o mundo desabou em cima de mim. Foi uma sensação indescritível e uma reação incontrolável. Não acreditava que estava ali e nem no que estava vendo. Aos poucos consegui me acalmar e observar os pacientes, mas não consegui me aproximar. O que mais me chocou foi o fato de ver o isolamento em que vivem, afinal de contas, somos todos humanos, como é possível alguém chegar a esse estado? (Relato de aluna, após o primeiro dia de aula no Complexo Hospitalar Juquery.)

A percepção de que "o outro" rompeu, sem arbitrar, com aspectos da realidade que lhe conferiam autonomia e foi apropriado por outras formas de ser, inclui-nos no mesmo universo de possibilidades. E é assim que a evidência da loucura faz vislumbrar em nós formas de existência aterrorizantes que evidentemente se refletem no panorama de ensino dessa disciplina.

Ao longo desses anos, a prática de ensino vem revelando que o teor dos discursos, observados após os primeiros contatos com o paciente, orquestram, geralmente, variações sobre o mesmo tema: os limites e possibilidades do existir humano – "como é possível alguém chegar a esse estado?". A indignação, o temor ao paciente, a perplexidade são sentimentos recorrentes que clamam por explicações que desvendem o enigma da loucura. Observa-se, entretanto, que as questões suscitadas pela "descoberta da loucura" advém do temor de reconhecer-se no outro e, nessa perspectiva, o aluno busca teorias que lhe indiquem os caminhos do "enlouquecimento" para que ele não os percorra. Dessa forma, as primeiras indagações sobre o fenômeno observado parecem remeter-se aos domínios do "eu".

Ao saber que ia para o Juquery preparei-me para enfrentar as piores condições, porém foi bem pior do que eu pensava: ao passar por aqueles portões e olhar para aquelas pessoas que lá estavam, percebi o quanto somos frágeis diante da vida... me senti indefesa diante de mim mesma, mas depois percebi que eles são os mais indefesos já que dependem de um outro para viver (Relato de aluna, após o primeiro dia de aula no Complexo Hospitalar Juquery).

Relatos expressivos de processos psíquicos que buscam diferenciar o "eu" do "não-eu" são recorrentes e têm como fonte a angústia que irá se manifestar em cada um dos sujeitos, de forma singular. Muitas vezes, verifica-se que o aluno nem sempre possui um sistema de representações edificado sobre argumentos da realidade, suficientes para alicerçar a experiência que se apresenta. Outros alunos, por sua vez, apresentam-se munidos de sistemas representacionais estereotipados, materializados em fantasias baseadas em visões míticas da loucura. Conclui-se que, independentemente da organização defensiva que opera nos primeiros encontros, as atitudes manifestadas indicam a presença de movimentos inconscientes que impedem a realização de ações anteriormente idealizadas, acabando por lançar os alunos em estados caóticos de intenso sofrimento psíquico.

Assim, o campo desse ensino é transversalizado por manifestações afetivas singulares, que demandam cuidados. Sendo assim, opta-se por acolher e problematizar as vivências que se apresentam à escuta, antes da transmissão de conteúdo formal, o que possibilita a criação de uma nova relação com o saber.

Nessa perspectiva o lugar ocupado pelo saber instituído, bem como as posições a serem adotadas por aquele que conduz a aprendizagem, diante de si mesmo e do grupo, contradizem o que se considera "ótimo" numa formação que concebe como "bom" o acúmulo de informações. A despeito de possuir metas de ensino-aprendizagem a serem atingidas, definidas, *a priori*, desconhecemos o percurso subjetivo que viabilizará a construção desse saber. Concebemos até que a introdução de conteúdo disciplinar num contexto embargado por angústias e respectivas defesas pode promover o apego excessivo a teorias que argumentem a favor de diferenças qualitativas entre "normalidade e anormalidade", além de justificar a distância entre aluno e paciente por meio de racionalizações que, evidentemente, tendem a acirrar as cisões internas. A esse respeito esclarece Cociuffo (2000):

> Parece-me que esse estado inicial de angústia, que metaforicamente estamos chamando de caos, precisa ser explicitado através da reflexão de grupo, compartilhado e acolhido, para que possa haver um tipo de aprendizagem que não exclua o sujeito do processo de conhecimento. O objeto de estudo em questão são outros seres humanos, que invariavelmente despertam emoções diversas. Evadir-se desses sentimentos vividos pode resultar num tipo de aprendizado que desconsidera a importância da experiência (p. 62).

Este trabalho propõe a substituição da premissa de que a aprendizagem ocorre por meio da divulgação do saber adquirido, pela utilização desse mesmo saber, na conquista de um conhecimento problematizado e enriquecido pelas contribuições singulares do aluno no decurso do "aprender". Nessa perspectiva, a ênfase do ensino recai sobre as questões nascidas na experiência: os aspectos afetivos, vinculares, cognitivos, éticos e sociais que envolvem o sofrimento psíquico.

O objetivo das estratégias utilizadas nos momentos iniciais do curso é de cevar um campo subjetivo que instigue o aluno a aprender a investigar o fenômeno psicopatológico. Isso porque, nessa abordagem, a apreensão de conhecimento psicopatológico conceitual-formal é concebida como um acontecimento subseqüente às indagações que o sujeito realiza sobre si próprio. É a confrontação do sujeito com o sentido das pré-concepções construídas antecipadamente à experiência que possibilita a apreensão de conhecimento.

Os pressupostos psicanalíticos, aliados às premissas do "Método Mestiço"[11], inspiram nosso trabalho, pois possibilita-nos, por meio de uma concepção de homem dimensionada pela subjetividade, trabalhar para além dos objetivos pedagógicos que métodos de ensino tradicionais se propõem. O respeito à singularidade do aprendiz permite que o sujeito compareça à aprendizagem potencialmente munido de um saber legítimo, conquistado ao longo de seu percurso pulsional e cultural. De acordo com Birman (1996):

> Se levarmos em conta certas coordenadas básicas para a constituição do espaço psicanalítico, teremos como definir as condições fundamentais da pesquisa psicanalítica numa abrangência muito maior do que poderia aparecer à primeira vista. Uma relação inter-humana baseada no falar e no escutar pode ser definida, a fim de que a palavra circule entre dois lugares assimétricos, sem que a figura do analista posicionado como interlocutor impessoal tenha que responder à demanda do outro (...) é preciso superar devidamente dois espaços epistemológicos na concepção do que seja o espaço psicanalítico: 1. A imposição metodológica de não identificar o espaço analítico com seu formalismo, que o delimita pela sua exterioridade, segundo regras contratuais abstratas, que não consideram efetivamente a singularidade dos sujeitos em pauta

---

[11] A respeito do "Método Mestiço" consultar a Apresentação deste trabalho.

como uma dimensão básica do processo analítico. 2. O correlato disso é não identificar o ato psicanalítico ao exercício virtuoso de uma técnica, como é bastante difundido entre nós, de forma que o formalismo ritualizado se articula internamente com o tecnicismo robotizado. O resultado é a transformação da experiência analítica num ritual obsessivo (p. 23).

Concordamos com o assinalamento de Birman (1996) de que "o ato analítico não se restringe ao formalismo, ou ao exercício virtuoso de uma técnica". No âmbito do ensino, o ato analítico refere-se à consideração às determinações inconscientes que pautam as subjetividades, o respeito à singularidade, à implicação do aprendiz com o que é ensinado e à concepção de que o saber tem de ser produzido na relação do sujeito com sua própria verdade. Segundo Cociuffo (2000):

> A Psicanálise e o "Método Mestiço" falam de lugares afins: da aceitação da diferença, da subjetividade, do sentido da fala e da compreensão das forças subjacentes ao discurso, da determinação inconsciente e da nossa determinação histórica e cultural. Assim, é a partir desses referenciais que se desenvolvem nossas aulas práticas, com flexibilidade suficiente e necessária para que possam emergir sentidos no aprendizado, a partir da experiência (p. 44).

Nessa perspectiva, a subjetividade do aprendiz é a ferramenta que instrumentalizará o ensino-aprendizagem, sendo investigada a angústia advinda dos primeiros contatos com a loucura e, concomitantemente, indagados os fenômenos psicopatológicos observados no paciente. Assim, o conhecimento psicopatológico é construído a partir das elaborações nascidas na relação com o portador de sofrimento psíquico, o que transforma a aprendizagem num processo global em que coincidem a investigação intersubjetiva e a construção de conhecimento.

O curso é pautado no exercício contínuo de aceitação das diferenças, desde aquelas que inerentes ao grupo de ensino-aprendizagem até os movimentos afetivos que permeiam a relação do aluno com o paciente. O professor compartilha desse processo, na medida em que acolhe a angústia "do não-saber" do aprendiz, bem como suporta sua própria angústia, zelando por não interromper, com argumentos teóricos, a busca de conhecimento daquele que se candidata a apreender. A esse respeito, Pereira (1998) revela:

> Passamos a denominar de bom professor, portanto, aquele que, diante desse avesso que diz do inconsciente freudiano, não recua, mas também não insiste em técnicas vazias, não explica e não responde àquilo que não tem resposta apenas para aliviar seu mal-estar, bem como o dos que estão à sua volta. Ora, o que é o mal-estar senão aquilo que o desamparo nos causa? O estupor de não ter um nome que explique a coisa? Acreditamos que não recuar frente ao mal-estar é, ao invés de se posicionar como dono de saber, fazer-se objeto para causar no aluno o seu desejo de saber, produzindo assim, algo novo, ali, onde havia apenas o sem sentido. Logo, o sentido do professor enquanto "sabe-tudo", aqui, não vale nada (p.177).

O ensino, assim contemplado, propicia modificações subjetivas, especialmente no que concerne à quebra de sistemas representacionais ou pré-concepções que se antecipam à experiência, de forma a evitar que o saber instituído sobre a loucura respalde a angústia vivida. Além disso, proporciona desvincular a loucura dos registros do "erro", do julgamento valorativo, ou do universo fantasmático mítico passando a ser concebida como expressões advindas da constituição psíquica. Permite-se assim a instauração de um "olhar e escuta" que estendem a tarefa diagnóstica para além (ou aquém) da constatação do sintoma, na medida em que inclui em sua compreensão uma multiplicidade de fatores que corroboram para a sua manifestação.

O SEGUNDO SEMESTRE DO CURSO: TRILHANDO UM CAMINHO PARA O "FAZER-SABER"

"Para ser grande, sê inteiro.
Nada teu exagera ou exclui.
Sê todo em cada coisa.
Põe quanto és no mínimo que fazes."

Fernando Pessoa

Uma vez tendo incitado os alunos à descoberta, é chegado o momento, no segundo semestre do curso, de angariar espaços para lançá-los no vôo da prática.

Dissemos anteriormente que, ao término do primeiro semestre do curso os alunos estão evidentemente modificados, tanto no que se refere às atitudes diante dos pacientes quanto a eles próprios. O desenvolvimento conquistado suscita novas questões, porém agora endereçadas ao outro, ao paciente. As angústias que inicialmente se manifestavam por meio de atitudes precavidas, permeadas pelo temor ao "eu", ao próprio abismo, materializam-se em indagações ainda referidas ao "eu", porém acrescidas do desejo do "fazer profissional".

Isso decorre da constatação de que a reclusão de indivíduos para tratamento psiquiátrico corresponde a um problema sociocultural e político que deve ser abordado por todos que estão envolvidos com a saúde mental. Dessa forma, os alunos buscam atalhos que transcendam o exílio imposto pela internação psiquiátrica e reivindicam espaços para o exercício da tarefa reabilitadora. Percebe-se, na realidade, que se apropriam dessa causa, definindo-a como um problema a ser enfrentado já no decurso da aprendizagem. Supõe-se que o anseio por substituir a institucionalização do sujeito, por intervenções alternativas, decorre também da necessidade de desinstitucionalizar a si como profissional representativo desse sistema asilar.

Compartilhamos do desconforto, na mesma medida que os alunos: é inconcebível nossa permanência como profissionais da saúde mental no lugar que, sob o ponto de vista do paciente, protagonista desse cotidiano, é o lugar nenhum, lugar do vazio, da negação, da ausência.

Há alguns anos, tivemos uma desconfortável experiência num dos hospitais em que ministrávamos as aulas práticas, que ilustra a desqualificação do existir do indivíduo no contexto hospitalar. Fomos polidamente convidados a nos retirar de renomada instituição psiquiátrica que, a despeito de seu aspecto higiênico e organizado – traço até mesmo surpreendente na medida em que é inédito em hospitais psiquiátricos públicos, adotava como prática corrente a terapia eletroconvulsiva.

Intrigávamo-nos com a assepsia do local, tanto no que se refere ao binômio ordem X higiene, como no que se refere ao ambiente tranqüilo em que encontrávamos as mulheres. No cabedal de falas incoerentes a nós dirigidas, apareciam queixas sobre a terapia eletroconvulsiva, falas estas especialmente investidas de afeto. Invariavelmente escutávamos com o desconforto de quem está impotente naquele cenário pleno de segredos.

Certa ocasião, uma funcionária dessa instituição convidou os alunos a visitar as salas destinadas ao eletrochoque. Esses alunos, movidos pela necessidade de confirmar o imponderável em tempos de reforma psiquiátrica, aceitaram o convite. O desfecho do episódio coincide com o início de nosso relato: fomos indignos de usufruir daquele contexto hospitalar "modelo", na medida em que traímos seus "princípios éticos". Entretanto, o que causou surpresa não foi a utilização da terapia eletroconvulsiva como prática corrente, o que, apesar de inconcebível, não é surpreendente em épocas em que os ambientes científicos reeditam-na como tratamento eficaz. Nossa perplexidade emergiu da conduta da direção e equipe técnica desse local que afirmava, com convicção, que a visita à sala de terapia eletroconvulsiva desvendou um segredo institucional. Diante disso indagávamo-nos: "o que leva esses profissionais a pensar que os pacientes não relatam seu cotidiano no hospital?". Por quanto tempo continuaremos surdos aos textos que advêm do "outro da razão?".

Em contrapartida, recentemente ministrávamos aulas no Complexo Hospitalar Juquery e um dos pacientes agregou-se ao grupo com tamanha avidez em participar, que nos importunava. Num determinado momento, uma das alunas solicitou, delicadamente, que ele "se retirasse". Acompanhou-o até o pátio e retornou às atividades. Passados dez minutos, João voltou à sala, disposto a continuar. A aluna, incomodada com a insistência de João, disse-lhe: "já entendi que você não está conseguindo esperar para que a gente se encontre, então se quiser esperar aqui tudo bem; mas quie-ti-nho porque estamos trabalhando". O paciente sorriu e sentou-se ao lado dela satisfeito. Compreendeu o acolhimento e aceitou as condições impostas pela aluna. O inusitado dessa experiência é que João é surdo-mudo, porém suas falas ecoavam à nossa escuta com tamanha intensidade, que a aluna ressaltou no enquadre: "você fica, porém em silêncio, depois conversaremos..."; e assim apresenta – se a diferença entre ouvir e escutar pretendida em nosso ofício de "ensinante":

A esse respeito, Zimerman (1999) acrescenta:

> Ouvir não é o mesmo que escutar; olhar é diferente de enxergar; entender não é o mesmo que compreender; ter a mente saturada com a posse das verdades é bem distinto de um estado mental de amor pelas verdades; simpatia não é o mesmo que empatia; recipiente não é o mesmo que continente; ser 'bonzinho' não deve ser confundido com ser bom; interpretar corretamente não significa que houve um efeito eficaz; adivinhar ou palpitar não é a mesma coisa que intuir; falar não é a mesma coisa que dizer; saber não é a mesma coisa que de fato ser! (p. 456).

"Ouvir", "olhar", "entender", "posse", "simpatia", "recipiente", "bonzinho", "corretamente", "adivinhar" ou "palpitar", "falar", "saber" são estados promissores de atitudes profissionais necessários para iniciar um trabalho, cujo êxito depende da proximidade com o outro. Porém não são ações suficientes para promover "modificações" legítimas, já que compreendem aspectos superficiais das relações humanas. Concordamos com o pensamento de Zimerman (1999) que contrapõe a tais atitudes o "escutar", "enxergar", "compreender", "amor às verdades", "empatia", "continente", "ser bom", "eficaz", "intuir", "dizer" e "ser", interpretando-as como ações internas indispensáveis que comprovam e promovem transformações verdadeiras e duradouras.

Reafirmamos que nossa proposta de ensino pauta-se no desenvolvimento de uma nova atitude para com o outro, que invariavelmente apresenta-se como "alguém diferente de mim". O percurso pedagógico do primeiro semestre propiciou modificações de sistemas representacionais estereotipados sobre a loucura e, nessa perspectiva, constituiu espaços internos suficientes para que o aluno abdique de metas profissionais ideais e passe a coabitar tanto com as diferenças subjetivas que lhes são inerentes como com aquele que é, em sua essência, o emblema da diferença: o portador de sofrimento psíquico.

Nosso objetivo, nessa segunda etapa do curso, é de conduzir o aluno à prática institucional e concomitantemente capacitá-lo para o diagnóstico psicopatológico, por meio da utilização de instrumentos extraídos dos pressupostos conceituais – técnicos – psicanalíticos. Para tal, utilizamos de estratégias de ensino que fomentam e integram a pesquisa psicopatológica à prestação de serviços ao portador de sofrimento psíquico e à supervisão clínica. Nesse sentido, o curso tem a intenção de contribuir para a constituição de identidades profissionais que transcendam o modelo clínico tradicional e busquem a superação das dificuldades sociais, a partir de uma formação concebida no tripé: pesquisa diagnóstica em Psicopatologia X ação clínica X supervisão.

Uma vez explicitado que nossos objetivos referem-se à capacitação diagnóstica, discorreremos sobre os instrumentos e métodos que viabilizam nossas pretensões.

Bleger (1980) fornece substratos teóricos que fundamentam os instrumentos de nosso método de ensino. Baseado em sua experiência com grupos operativos assinala que "no campo do ensino, o grupo se prepara para aprender e isto só se alcança enquanto se aprende, quer dizer enquanto se trabalha".

Para Bleger (1980), a atividade intermedeia as relações do homem consigo mesmo e com um universo de possibilidades subjetivas e objetivas que se apresentam à experiência. Esta, por sua vez, indica os caminhos para a formulação de conhecimento. O autor enfatiza que os objetivos, recursos e conflitos devem ser formulados pelo próprio grupo de aprendizagem, que se auto-organiza para examiná-los e considerá-los em função das metas a serem atingidas. O trabalho, assim contemplado, refere-se à mais legítima contribuição humana que, numa relação dialética, opera como fonte e produto de conhecimento não alienante.

No ensino, o grupo operativo trabalha sobre um tópico de estudo dado, porém, enquanto o desenvolve, se forma nos diferentes aspectos do fator humano. Embora o grupo esteja concretamente aplicado a uma tarefa, o fator humano tem importância primordial, já que constituí o "instrumento de todos os instrumentos". Não existe nenhum instrumento que funcione sem o ser humano. Opomo-nos à velha ilusão, tão difundida, de que uma tarefa é melhor realizada quando são excluídos os chamados fatores subjetivos e ela é considerada apenas "objetivamente"; pelo contrário, afirmamos e garantimos, na prática, que o mais alto grau de eficiência em uma tarefa é obtido quando se incorpora sistematicamente à mesma o ser humano total (Bleger, 1980, p.56).

Assim como Bleger consideramos que o trabalho, compreendido como o conjunto complexo de contribuições e relações intersubjetivas de um grupo, é o instrumento que outorga legitimidade à aprendizagem. Entretanto, esclarecemos que o trabalho que denominamos "ferramenta legítima" de aprendizagem distingue-se da tarefa demandada por outrem e que, portanto, encontra-se dissociada do desejo de quem a concretiza: modelo típico de sistemas político-econômicos capitalistas. Aqui, referimo-nos ao trabalho assentado em potencialidades, aspirações e, fundamentalmente, no desejo singular daqueles que o efetivam. Uma vez que esses aspectos possam ser compartilhados pelo grupo e acolhidos pelo enquadramento pedagógico, ganham corporalidade suficiente para materializar-se em projetos de ações produtivas.

Nessa perspectiva, a diferença entre o trabalho que traz realização e o frustrante concerne à possibilidade de ser. No primeiro caso, concretizam-se aspirações subjetivas, tais como desejos, potencialidades – por intermédio da tarefa criativa. No segundo caso, verifica-se o cerceamento das contribuições singulares, em prol da realização de tarefas preestabelecidas por demandas externas ao sujeito, o que evidentemente pode resultar em sofrimento e alienação.

Os instrumentos utilizados na abordagem de ensino relatados neste trabalho correspondem a projetos de ação-reflexão-ação, realizados pelos alunos em parceria com os usuários do local e que tem como objetivo o aprendizado da pesquisa Psicopatologia psicanalítica. Contudo, agrega-se a esse objetivo, o exercício reabilitador do sujeito interno à instituição psiquiátrica, o que faz com que o processo como um todo promova benefícios ao aluno e ao paciente.

Os projetos de ação-reflexão-ação nascem a partir da necessidade de intervir na realidade do paciente psiquiátrico e auxiliá-lo no resgate de sua autonomia. Uma vez formulado o problema, os alunos são convidados a refletir com profundidade, buscando dimensionar ações profissionais que se adaptem aos limites impostos pelo contexto desse ensino e da instituição em que se ministram as aulas práticas de

Psicopatologia. Ao mesmo tempo, são realizadas reflexões a respeito dos recursos e limitações de cada um dos alunos para conduzir as questões apresentadas. Nesse momento, explicita-se que o problema deve ser abordado utilizando-se tarefas condizentes com o repertório de habilidades e/ou aptidões dos participantes do trabalho. Esse aspecto se refere a uma das condições impostas pelo enquadramento do curso, ou seja, os projetos devem estruturar-se a partir dos "saberes" compartilhados por todos os seus integrantes. Assim, a intenção aqui é substituir ideais de atuação profissional inatingíveis por atuações possíveis. Além disso, busca-se transformar a aprendizagem em uma tarefa cuja fonte é o trabalho criativo.

Embora os objetivos da aprendizagem sejam estabelecidos pelo conteúdo da disciplina e, nesse sentido, correspondam a uma meta de aprendizagem pré-fixada, a forma de atingir tais objetivos se relaciona integralmente à subjetividade dos alunos.

Sendo assim, os projetos são criados, desenvolvidos e executados a partir da junção de inúmeras subjetividades: dos alunos, do portador de sofrimento psíquico, da equipe multidisciplinar da instituição em que se desenvolve o trabalho e do professor. Nessa conjuntura, aprender ou ensinar caracteriza-se como um trabalho instrumentalizado pelo "fazer em parceria", o que, por sua vez, presta-se a uma dupla intervenção. Por um lado, viabiliza os objetivos diagnósticos pretendidos pelo ensino e, concomitantemente, opera como importante instrumento de intervenção terapêutica no portador de sofrimento psíquico.

Paralelamente, a "ensinagem" estruturada sobre o fazer coletivo rompe com princípios epistêmicos metodológicos tradicionais, tanto no campo de ensino-aprendizagem quanto no que concerne à constituição dos procedimentos diagnósticos clínicos de inspiração médica.

O ensino evidentemente deixa de ser uma atividade solitária, sedimentada na relação entre um sujeito que sabe e, portanto, oferece informações a um outro que não sabe, e deve consumi-las. O lugar ocupado pelo aluno, nesse enfoque, é de receptor passivo, já que o conhecimento é apresentado como um sistema fechado, que não comporta problematizações. O professor, por sua vez, ocupa o lugar de autoridade, pois detém as informações que faltam ao aprendiz. Assim, oferece-se um ideal de saber, nutrindo os alunos com perspectivas ilusórias e, portanto, inatingíveis. O bom desempenho, tanto do professor quanto do aluno, vincula-se à quantidade: seja de informações transmitidas num tempo ótimo, seja do montante de conhecimento acumulado pelo receptor.

Em contrapartida, o "fazer-aprender em parceria" parte do princípio de que a aquisição de conhecimento efetiva-se por meio de um processo grupal, transversalizado pelas determinações inconscientes de todos os sujeitos que nele estão implicados. Corresponde, portanto, a um processo de construção compartilhado, que evolui proporcionalmente à reflexão e assimilação das experiências objetivas, o que ocorre individual e grupalmente.

Isso significa que o cenário em que acontece a "ensinagem" reveste-se de uma tridimensionalidade, traduzida no encontro de subjetividades que acordam sobre um duplo objetivo: produzir trabalho e conhecimento concomitantemente. A esse respeito, Bleger (1980) observa que:

> No grupo operativo constrói-se um esquema referencial grupal, que é o que realmente possibilita sua atuação como equipe, com unidade e coerência (...) unidade não significa, em seu sentido dialético, exclusão de opostos, mas, inversamente, a unidade inclui e implica a existência e opostos em seu seio (...) o ótimo se dá quando existe uma máxima heterogeneidade dos integrantes com máxima homogeneidade da tarefa (p. 69).

Apesar de não utilizarmos a técnica operativa de Bleger para instrumentalizar o ensino, valemo-nos de sua compreensão sobre a dinâmica de grupos envolvidos na tarefa de construção de conhecimento para ilustrar nosso trabalho. Entretanto, acrescentamos que o acontecer da aprendizagem vincula-se à capacidade do professor e do grupo coexistirem, agregarem e utilizarem todas as experiências emergentes no decurso das atividades.

Consideram-se especialmente as experiências que não foram bem-sucedidas, por serem compreendidas como desdobramentos, muitas vezes inevitáveis e intrínsecas às experiências que visam ao "apreender". Isso possibilita que o "erro" seja excluído dos domínios da crítica, para circunscrever-se nos registros do acaso que, por ser inusitado, merece indagação.

Sendo assim, permutamos o saber instituído pelo saber conquistado com ferramentas singulares, operadas "por muitas mãos". O aprendiz, nesse contexto, pode ser comparado a um artesão que depende de seu gesto criativo para concretizar sua obra. O professor, ciente de que a aprendizagem é confeccionada pelo aluno, pode abdicar da responsabilidade de nutrir o grupo com uma sapiência imaginária ideal e permitir que este se envolva e se comprometa com seu projeto de aprendizagem.

Evidentemente, abdicamos dos procedimentos de investigação diagnóstica usuais, tais como exame psíquico, anamnese e entrevista diagnóstica, apropriados para espaços "intramuros", para construir outros pertinentes ao cotidiano do portador de sofrimento psíquico e, portanto, a espaços "extramuros".

Uma vez apresentados os objetivos e instrumentos desse ensino, discorreremos agora sobre os métodos que o estruturam. A aprendizagem viabilizada por meio do fazer coletivo requer uma preparação prévia que segue os passos relatados a seguir.

a) Pensar a instituição:

Esse momento visa avaliar a demanda institucional, a partir da observação dos pacientes dos diversos setores que compõem a instituição e da interlocução com as equipes técnicas: psicólogos, terapeutas ocupacionais, médicos, enfermeiros, assistentes sociais.

b) A demanda institucional X os interesses do grupo de ensino-aprendizagem:

Os subgrupos refletem sobre a demanda apresentada em cada setor da instituição, avaliam-na e optam por uma área em que desejam atuar.

c) Os saberes dos alunos:

O grupo de aprendizagem é convidado a subdividir-se em grupos de no máximo seis integrantes, com a missão de refletir, identificar e eleger uma habilidade e/ou interesse comum que possa ser transformado num "projeto de ação interventiva" com os pacientes que habitam as clínicas escolhidas.

d) Os projetos X trabalho multi e transdisciplinar:

As propostas dos alunos são apresentadas às equipes técnicas multidisciplinares que, por meio da interlocução, refletem sobre sua viabilidade e aplicabilidade nos diversos contextos a que se candidatam.

e) O enquadramento institucional:

Evidentemente os alunos devem estabelecer o campo de trabalho e acordar sobre as condições mínimas para sua execução, estando isso aliado às regras institucionais.

f) Os projetos e os pacientes:

Esse momento se caracteriza pelo início do trabalho direto com os pacientes. Cada grupo de alunos apresenta a proposta ao grupo de pacientes candidato ao trabalho, explicitando o enquadramento, que envolve desde aspectos formais: dias, horários, duração dos encontros e número de encontros, até o comprometimento dos pacientes com as tarefas a serem desenvolvidas, a partilha de responsabilidades, etc.

g) Supervisão:

As supervisões ocorrem com o professor do início ao término das tarefas e, paralelamente, os alunos também são supervisionados pelas equipes multidisciplinares responsáveis pelos setores de atuação para discutir o andamento dos trabalhos, eventuais dúvidas e/ou questões específicas relativas ao contexto.

Entretanto, algumas questões nos assolam de imediato, pois estamos envolvidos com uma tarefa que remete a demandas aparentemente inconciliáveis: constituir um saber teórico a partir de um fazer profissional, o que resulta num paradoxo a ser examinado.

Uma questão que surge de imediato é se estamos propondo o saber-fazer que, segundo Lobosque (2001), caracteriza-se pela prática improvisada, porém assentada em referenciais teóricos específicos e previamente determinados, "seja do psíquico, seja do biológico, seja do social"; ou se, numa outra dimensão, podemos defini-lo como um "saber advindo de um campo interdisciplinar que subsidia o fazer". Ambas as concepções aplicam-se aos procedimentos utilizados na transmissão desse ensino, que se edifica "improvisadamente", porém subsidiado por recursos advindos de múltiplas fontes teóricas como psicanálise, Psicologia social, pedagogia construtivista.

Entretanto, no que se refere ao aluno, que ainda não possui sedimentação teórica suficiente para alicerçar a prática, tais concepções não têm aplicabilidade. Ao inseri-lo na atividade prática, sem um preparo teórico-técnico prévio, pretendemos incitá-lo à busca desse mesmo conhecimento, porém movido pela necessidade de preencher lacunas nascidas no embate rotineiro com o paciente. Esse aspecto acaba por subverter a relação do aluno com o conteúdo formal da disciplina, já que o saber conceitual deve ser buscado a partir da necessidade de dar sentido à experiência de "fazer". Ao mesmo tempo, a tarefa diagnóstica realizada nessa conjuntura, em que os subsídios teóricos são acessados após a prática, implica despertar a atenção e a escuta do aluno para cada detalhe que envolve o todo apresentado pela experiência.

Consideramos que os recursos extraídos da técnica psicanalítica, circunscritos em um enquadramento distinto do modelo clínico dual, são essenciais para a estruturação de práticas interventivas, em saúde mental, alternativas e abrangentes, que atinjam finalidades terapêuticas e tenham aplicabilidade nos diversos espaços socioculturais que demandem a atuação do psicólogo.

Nossas pretensões pedagógicas, então, articulam-se a uma lógica temporal distinta da assentada sobre a transmissão de conteúdo para aplicação subseqüente. Nossa proposta é do "fazer para saber" ou, melhor, "não-saber, porém fazer", o que instaura outra lógica no processo de construção do conhecimento.

IV

A PESQUISA

CONSIDERAÇÕES A RESPEITO DO MÉTODO

"A ciência não repousa em pedra firme. A estrutura de suas teorias levanta-se, por assim dizer, num pântano. Semelha-se a um edifício construído sobre pilares. Os pilares são enterrados no pântano, mas não em qualquer base natural ou dada. Se deixamos de enterrar mais profundamente esses pilares, não o fazemos por termos alcançado terreno firme. Simplesmente nos detemos quando achamos que os pilares estão suficientemente assentados para sustentar a estrutura – pelo menos por algum tempo."

Karl Popper

Sabe-se que qualquer investigação aborda segmentos da realidade. Contudo, quando a realidade estudada corresponde a um processo de construção que se configura a partir de subjetividades, a metodologia adotada deve ser capaz de dar sentido a realidades que habitam espaços internos ao sujeito. As exigências metodológicas ampliam-se, quando se propõe pesquisar sobre esses mesmos sujeitos inseridos numa dupla tarefa que se efetiva numa mesma temporalidade: o campo da prática e da teoria ou o fazer – aprender. Disso resulta que o método deve contemplar o caráter dinâmico da investigação, além de explicitar sua dimensão subjetiva, objetiva e a articulação entre todos os espectros da experiência investigada.

Por isso, busca-se nesse trabalho o diálogo com diversos campos do conhecimento, na tentativa de minimizar os efeitos decorrentes da escolha de um único caminho investigativo. Não se trata evidentemente de pretender esgotar todas as possibilidades oferecidas pelo trabalho realizado. Mas, sim, seguir um trajeto metodológico capaz de caracterizar a experiência de caminhar, da aquisição de um pensar ateórico (nessa perspectiva, ingênuo) para a construção de uma teorização. Sendo assim, torna-se essencial escolher um caminho metodológico que preserve o dinamismo do trabalho realizado que se configura, não apenas na explicitação do projeto de ação-reflexão-ação, porém na busca de uma abertura para a elaboração de um novo conhecimento. Assim, tanto a condução das supervisões quanto a análise dos procedimentos aqui utilizados, enfocam as manifestações relativas à subjetividade dos sujeitos envolvidos no processo, os aspectos intersubjetivos que envolvem as relações coletivas e as vicissitudes dos espaços sociais que albergam essa proposta de ensino-aprendizagem. Segundo Minayo (1998), uma pesquisa que aborde com profundidade os elementos referidos pode ser definida como qualitativa:

> (...) uma pesquisa que se defina como qualitativa analisa a realidade social que é o próprio dinamismo da vida individual e coletiva com toda a riqueza de significados dela transbordante (p.34).

Compreende-se que a pesquisa qualitativa resguarda a pluralidade pretendida, além de propiciar uma reflexão sobre o ato de investigar sobre a própria prática. Nessa perspectiva, considera-se que o método clínico, compreendido à luz das Ciências Humanas, define o objeto de conhecimento da Psicologia, além de explicitar a dimensão subjetiva e social do trabalho de ensino realizado. Ao mesmo tempo, apresenta o rigor metodológico necessário para a atividade de pesquisa.

Rezende (1999) analisa a especificidade do objeto de estudo das ciências humanas e das ciências empíricas referindo que:

> O critério de cientificidade das ciências empírico-formais é a própria realidade objetiva. Nas ciências humanas, o critério de cientificidade é a intersubjetividade. Observamos seres humanos e a experiência que fazemos é a do relacionamento entre eles, de forma que surge um novo conceito operacional, o conceito de símbolo. Nas ciências humanas, a verdade vai aparecer como consenso simbólico, que significa fazer sentido junto, de maneira que o sentido de um se acrescente ao sentido dos outros. Por aí a verdade também fica em aberto, como possibilidade de novas descobertas, graças à expansão da mente (pp. 20-21).

O pensamento de Rezende (1999) inscreve o objeto de conhecimento da Psicologia e da Psicanálise em âmbitos afins, ou seja, o consenso da não-separação entre sujeito e objeto de investigação, bem como o lugar das relações humanas na articulação do universo simbólico. Nessa perspectiva, o ser humano requer ser olhado a partir de uma historicidade que se revela pelas formas de relacionar-se consigo mesmo, com outros homens, com o vivido.

Sabe-se que, quando Freud abordou o inconsciente como principal operador das condutas humanas, a sexualidade da criança estruturada a partir do Complexo de Édipo, a relevância dos sonhos, lapsos, atos falhos como vias de acesso ao inconsciente e o fenômeno da transferência, baniu a Psicanálise dos domínios epistêmicos positivistas, instaurando-a num outro domínio que não comporta barreiras entre sujeito e objeto de investigação. O advento da transferência tanto propiciou a compreensão do sentido da patologia quanto se ofereceu como método apropriado à cura. Assim, ao descrever a essência da loucura por meio da transferência, Freud superou as dicotomias entre causa e efeito, sujeito e objeto, objeto e método, investigação e aplicação de conhecimento, ciência e vida, interpretando cada um desses aspectos como partes indissociáveis de um mesmo processo. Sendo assim, a aquisição de conhecimento na perspectiva da Psicanálise é fruto das investigações que o sujeito realiza sobre si mesmo. A orientação teórica dessa pesquisa norteia-se por esses parâmetros. Entretanto, na tentativa de encontrar uma especificidade metodológica para um trabalho que se efetivou a partir da prática psicológica coletiva, inspiramo-nos nos estudos de Guirado (1987) que teoriza sobre a especificidade da atuação do psicólogo nesse contexto. À luz da Psicanálise, da Análise Institucional, de Guilhon e Lapassade, a autora define o âmbito e o objeto de estudo da Psicologia Institucional. Ressalta que essa modalidade prática requer uma aproximação da Psicologia com a Psicanálise "no sentido de fazer dela (da Psicologia) um trabalho em nível das representações e do inconsciente", porém operacionalizada como "uma forma de intervenção social" (Guirado1987, p. 66).

Na perspectiva apresentada pela autora, o contexto em que se dará a intervenção psicológica é social e não mais "bipessoal", tal como na relação estabelecida entre cliente e terapeuta, ou paciente e analista. Segundo a autora, as intervenções, no âmbito social, referem-se ao "conjunto das relações de uma instituição concreta, com objeto e objetivos próprios, com características particulares".

Guirado (1987) acrescenta:

> Como estas relações concretas se dão sempre nas e pelas instituições sociais, pensar tal intervenção psicológica supõe configurar-se um objeto que articule o universo singular que Freud descobre no contexto da prática clínica e o universo das relações institucionais que o extrapolam (p. 72).

Essa linha de pensamento resgata a concepção de objeto das Ciências Humanas, proposta por Rezende. Verifica-se que, para Guirado (1987), o objeto de intervenção da Psicologia é o universo simbólico, ou seja, o universo das representações e afetos que emergem na articulação das relações concretas vividas cotidianamente. Segundo a autora, é o resgate das relações, o aspecto constitutivo humano, que possibilita a intervenção psicológica, nos diversos segmentos da realidade social. Esses segmentos sociais, por sua vez, são concebidos como "instituições" conforme a definição de Albuquerque, citado por Guirado (1987):

> (...) a instituição não é um lugar no espaço ou uma organização particular, mas um conjunto de práticas ou de relações sociais concretas (...) Trabalhar com Psicologia Institucional não seria, portanto, trabalhar no espaço físico de uma instituição, seja ele qual for; reeditar a compreensão e a técnica de trabalho da relação psicoterapeuta / cliente, examinador / examinando, selecionador/ selecionando. Seria, sim, trabalhar com as relações de determinada prática institucional (p. 72).

A atividade de ensino desenvolvida nessa pesquisa compartilha dos conceitos de Guilhon (1978) acerca das Instituições Concretas, pois se caracteriza como um trabalho coletivo que se efetiva por meio da análise das relações intersubjetivas estabelecidas entre todos os participantes do processo.

As contribuições advindas da técnica psicanalítica, especialmente os conceitos de transferência e interpretação, subsidiam as intervenções realizadas em supervisão e a análise do material coletado. A transferência é compreendida como a reatualização, numa nova temporalidade, de pautas de condutas primitivas e inconscientes. Assim, o fazer cotidiano, que delineia o campo de ensino-aprendizagem, oferece-se como um contexto revelador dos lugares ocupados pelos sujeitos na relação com o paciente, a tarefa, o grupo e este com a instituição como um todo. A interpretação, por sua vez, configura-se nas diversas posições adotadas pelo sujeito diante das tensões emergentes no decurso da aprendizagem.

108 ENSINO-APRENDIZAGEM DE PSICOPATOLOGIA: UM PROJETO COLETIVO

O objeto de intervenção desse ensino e dessa pesquisa são, em última instância, os afetos e as representações expressas no discurso dos sujeitos. Ressalta-se que a transferência estabelecida entre aluno e atividade também é considerada como relevante material de análise e intervenção.

Desse modo, o método clínico compreendido por Bleger como instrumento da prática institucional fundamenta a metodologia dessa pesquisa. Recorre-se às suas recomendações técnicas, especialmente no que concerne à importância da dissociação instrumental como um recurso para a escuta dos conflitos e tensões intersubjetivas, o enquadre como uma técnica que configura o campo da "ensinagem" e a análise das transferências emergentes no processo por meio da escuta e interpretação.

Acredita-se que a abordagem clínica utilizada no acompanhamento dos projetos pode ser reveladora dos movimentos afetivos subjacentes ao discurso dos sujeitos. Nessa perspectiva, serão destacados os momentos em que emergem as angústias relativas ao não-saber, individual e grupal, os movimentos decorrentes desses pontos de tensão, seus efeitos no percurso que conduz à apropriação do saber conceitual. Com isso, procura-se verificar as conexões entre a experiência de relação que se estabelece entre o portador de sofrimento psíquico e o aluno, e o desejo desse mesmo aluno de buscar compreensão (conhecimento) para o vivido.

– SUJEITOS:

Os sujeitos dessa pesquisa são seis alunas do 4º ano de graduação da Universidade Paulista – UNIP – Campus Alphaville, que se reuniram em um grupo de trabalho na disciplina de Psicopatologia. Esse grupo foi escolhido em função das atitudes apresentadas pelas alunas, desde o início do curso. Demonstravam curiosidade diante da proposta da disciplina, porém apresentaram dificuldades em se fazer presentes da maneira como pretendiam. Os esforços dispendidos no sentido de comparecer e participar das aulas práticas resvalavam em atitudes opostas que as impediam de comparecer com assiduidade. O mesmo movimento pôde ser observado nas fases iniciais de elaboração do projeto, que sofreu inúmeros ajustes até chegar ao tema oficial.

Tais atitudes são observadas com freqüência nos alunos, no início e transcorrer do curso, o que lhes outorga o caráter de tipicidade. Ao mesmo tempo, considera-se esse grupo o emergente das tensões internas à totalidade do grupo de aprendizagem.

Como afirma Pichon-Riviére (1986), o emergente representa a articulação possível entre os âmbitos da intra e da intersubjetividade:

> Porta-voz de um grupo é o membro que denuncia o acontecer grupal, as fantasias que o movem, as ansiedades e necessidades da totalidade do grupo. Mas o porta-voz não fala só por si, mas por todos; nele se conjugam o que chamamos de verticalidade e horizontalidade grupal. Entendendo-se por verticalidade aquilo que se refere à história pessoal do sujeito, e por horizontalidade o processo atual que acontece no aqui e agora, na totalidade dos membros (p.129).

Dessa forma, o grupo selecionado expressa questões que habitam, ainda que de forma latente, a totalidade dos alunos dessa turma. Sendo assim, considera-se que o material colhido é suficiente para atender aos objetivos dessa pesquisa.

— INSTRUMENTO

O projeto *Feminilidade e Higiene Pessoal* destacou-se dentre os demais em função de sua temática, aparentemente singela, sem pretensões terapêuticas *a priori*. Além desse aspecto, as características do local em que se concretizou a tarefa, aliada à realidade institucional das usuárias participantes do projeto também contribuíram para a eleição desse trabalho como instrumento desta pesquisa.

110   Ensino-Aprendizagem de Psicopatologia: um projeto coletivo

– Cenário da Pesquisa

Trata-se da 2ª Clínica Feminina do Complexo Hospitalar Juquery, localizada no eixo central da instituição. Asila 30 pacientes moradoras, em sua maioria com transtornos psicopatológicos cronificados. O local é extremamente precário, tanto no que se refere às instalações disponíveis quanto às condições de higiene. Os dormitórios são coletivos e, em cada um deles, pernoitam em torno de 15 pacientes. Fazem parte dessa clínica: a equipe de enfermagem, um médico psiquiatra, uma psicóloga e uma terapeuta ocupacional. Entretanto, a despeito dos esforços do serviço de Psicologia e de terapia ocupacional no sentido de reabilitar essas pacientes para a vida fora da instituição, deparam-se com resistências inter-institucionais significativas. Além desse aspecto, ambos os serviços são insuficientes para suprir a demanda advinda do elevado número de pacientes. Participaram do projeto seis usuárias da referida clínica, que residem no Complexo Hospitalar Juquery, há no mínimo 10 anos, sendo consideradas indivíduos portadores de Psicopatologias graves. Há muito perderam o contato com a família e, em função da gravidade dos quadros clínicos apresentados, em sua maioria psicoses, permanecem em regime de internação asilar. Nessa conjuntura, retratam aqueles quadros denominados de "irrecuperáveis", sob o ponto de vista da instituição.

– O enquadre institucional delimitando o campo total do trabalho

O projeto, aqui apresentado, teve início, em agosto de 2000 e término no fim de outubro do mesmo ano.

A partir de um contrato de parceria, estabelecido entre a universidade e a direção técnica do Complexo Hospitalar Juquery, foi-nos concedida autorização para que os alunos desenvolvessem atividades práticas, de cunho acadêmico, com os pacientes moradores. Entretanto, as tarefas a serem propostas pela universidade deveriam ser discutidas e elaboradas com a equipe técnica responsável pela clínica selecionada e, evidentemente, teriam início após a anuência dos pacientes envolvidos. A execução dos projetos foi de responsabilidade exclusiva dos alunos e do professor, porém, quinzenalmente, as atividades eram discutidas entre os grupos e os técnicos dos setores utilizados.

— O ENQUADRAMENTO DO CAMPO DE ENSINO-APRENDIZAGEM

Com a finalidade de cumprir com as metas de ensino e aprendizagem, delimitou-se um campo para execução do projeto, configurado a partir das seguintes condições:

– O objetivo do trabalho é a investigação diagnóstica psicopatológica psicanalítica de cada paciente participante. Nessa perspectiva, o acesso aos prontuários é vetado aos alunos, antes do término do projeto. Os prontuários somente serão consultados a título de esclarecimento de dúvidas, após o levantamento das hipóteses diagnósticas realizado pelos alunos.

- O tema do projeto deveria atender à demanda dos pacientes participantes e ser compatível com os "saberes compartilhados pelo grupo". Os "saberes compartilhados" definemse como uma atividade não-intelectual, baseada no repertório experiencial intergrupal.

- As atividades e as supervisões ocorreram aos sábados, sendo reservadas duas horas de atividade com os pacientes e cinqüenta minutos de supervisão.

- No término do curso, foi solicitado aos alunos um relatório sobre o projeto e um Informe Psicológico sobre cada paciente participante.

— Coleta de dados

Foram empregadas técnicas de observação direta dos sujeitos envolvidos, registro em diário de campo individual e escrita final do projeto confeccionado pelo grupo ao término do trabalho. Da leitura repetida desse material, destacaram-se e recortaram-se os relatos expressivos do vivido pelos sujeitos no decurso das atividades e supervisões: sentimentos, percepções, questões sobre os transtornos psíquicos observados, a forma de cuidado prestado aos sujeitos acometidos, angústias experimentadas durante a execução das tarefas propostas pelo projeto, bem como nas supervisões. A partir dessa primeira triagem, optou-se por separar o material emergente em blocos temáticos, descritos na mesma seqüência temporal em que se deu a realização das tarefas, com o objetivo de descrever com fidedignidade a experiência de caminhar, da aquisição de um pensar ateórico (nessa perspectiva, ingênuo) para a construção de uma teorização em Psicopatologia psicanalítica. Assim, subdividiu-se a escrita em três momentos: a elaboração do tema, a apresentação da proposta de trabalho aos usuários, a realização das atividades.

Fundamentada nos referenciais teóricos da Psicanálise, da Psicologia Institucional de J. Bleger, Guirado, Guilhon e Lapassade; a análise final dos blocos temáticos procurou explicitar o conteúdo latente da escrita do projeto "Feminilidade de Higiene Pessoal", sublinhando o significado das experiências vividas no decurso das atividades.

V

UM OLHAR SOBRE AS VICISSITUDES DA PRÁTICA E OS CAMINHOS DO CONHECIMENTO

PRIMEIRO TEMPO: ELABORANDO O TEMA

"Idéia é encontro do oceano com o vulcão
é combustível do diamante
é lava escorrendo
tostando toda aléia
derretendo o ferro que berra
por perder a forma e se torna
nascente de rio incandescente
que não se conforma."

Alcimar de S. Lima (2004)

A escolha de um procedimento para abordar uma experiência envolve significados latentes que se sustentam sobre a maneira de conceber o objeto de conhecimento. No contexto aqui relatado, o procedimento revela-se por meio da eleição de um tema que explicita os objetivos propostos pela tarefa e dos recursos utilizados para atingi-lo. O tema, seus objetivos e os recursos (procedimentos) serão compreendidos como os aspectos conscientes dos sujeitos envolvidos, portanto, como conteúdo manifesto.

Entretanto, compreende-se que os aspectos que habitam os interstícios das propostas apresentadas correspondem às intenções latentes aos objetivos expressos nos relatos. Parte-se da premissa de

114   ENSINO-APRENDIZAGEM DE PSICOPATOLOGIA: UM PROJETO COLETIVO

que um tema aglutina desejos, sonhos, ideais e, sendo assim, suas significações transcendem à mera nomeação e inscrevem-se nas intenções subjacentes aos objetivos manifestos da tarefa proposta. Isso posto, pode-se debruçar sobre a história tecida pelos sujeitos dessa investigação, examinando a transcrição dos recortes do texto, que integram o projeto "Feminilidade e Higiene Pessoal".

> *"Nossa proposta inicial era trabalhar com 'Contos de Fadas', nos quais contaríamos uma história e depois pediríamos ao grupo de pacientes que associasse à sua história de vida utilizando-se de caixa lúdica. Dessa forma, poderíamos conhecer a subjetividade dessas pacientes e, ao mesmo tempo, trabalhar com os conflitos que pudessem surgir (...)."*

O relato explicita que os objetivos do trabalho com Contos de Fadas era de *"conhecer a subjetividade das pacientes"*, proposta que coincidia com as finalidades do trabalho de pesquisa psicopatológica psicanalítica estabelecido pelo enquadramento do curso.

No entanto, a aspiração das alunas não se restringia à pesquisa das subjetividades em sua totalidade, mas, sim, desvendar, a partir de instrumentos específicos (Contos de Fadas e a caixa lúdica), os aspectos *saudáveis* que julgavam encobertos pelos transtornos psicóticos observados:

> *"(...) o conto de fadas pode fazer com que as pacientes relembrem da infância, das coisas boas (...) a caixa lúdica talvez possa auxiliá-las a trazer essas experiências para os dias de hoje e sofrer menos com as condições em que vivem (...)."*

Verifica-se, nas entrelinhas dos relatos, que o impacto do grupo diante de pessoas com Psicopatologias regredidas mobilizou angústias primitivas que resvalaram para uma cisão defensiva equivalente. Os efeitos dessa cisão podem ser observados na escotomização dos aspectos "terroríficos" no próprio tema e na tentativa defensiva de rapidamente abolir as pacientes do universo psíquico caótico. Esses aspectos terroríficos que, geralmente, são representados pela metáfora "das bruxas" foram banidos dos "Contos de Fadas" e deslocados para uma outra temporalidade. Assim, presentificam-se nos quadros psicopatológicos observados nas pacientes e evidentemente agravados pelos prejuízos decorrentes da institucionalização prolongada. Nessa perspectiva, o sofrimento psíquico (a Psicopatologia) passa a ser concebido como o representante das "bruxas", encarnado nas pacientes.

Nesse contexto, "saúde" e "doença mental", "bem" e "mal" aparecem como estados do ser, cindidos por uma temporalidade que reveste o presente (vida adulta) de maldade e o passado (infância) de bondade.

A concepção de Psicopatologia, implícita nos relatos, é de que o adoecimento psíquico tem a ver com o crescimento e, fundamentalmente, com o esquecimento de aspectos bons do passado infantil. É como se, em algum momento da história, as pacientes houvessem esquecido de si mesmas e, a partir desse esquecimento, adoecido: "(...) *a caixa lúdica talvez possa auxiliá-las a trazer essas experiências para os dias de hoje e sofrer menos com as condições em que vivem (...)."*

A partir dessa "teorização psicopatológica" ingênua, o sofrimento psíquico, observado nas pacientes, configurou-se às alunas como um problema: elas deveriam reverter a caótica realidade psíquica das pacientes. Contudo, a abordagem ao problema só poderia ser construída com recursos da própria modalidade de pensamento ali configurada. Assim, fazer emergir o passado no presente era a tônica da recuperação mágica que os contos de fadas e a intervenção lúdica podiam operar.

Constata-se que a "solução" proposta pelo grupo utiliza recursos próprios do processo primário do pensamento. Considera-se, entretanto, que a modalidade dos recursos não anula os esforços realizados pelo psiquismo na tentativa de compreender a essência do objeto. A despeito da primariedade, os recursos utilizados na abordagem ao objeto de conhecimento refletem, ainda que ingenuamente, uma modalidade de saber.

Esse "saber ingênuo" subjacente aos relatos tentam esboçar conceitos psicopatológicos e uma técnica interventiva (caixa lúdica) idealmente eficaz para presentificar o "bom" que foi perdido no tempo e diluir o sofrimento psíquico:

> *"(...) talvez elas possam trazer (a infância) para os dias de hoje e sofrer menos com as condições em que vivem (...)."*

A busca por uma modalidade interventiva que produza efeitos mágicos também pode ser pensada como uma tentativa de minimizar os efeitos desestruturantes, causados pela exigência de uma tarefa desconhecida. A esse aspecto se agrega ainda o não-fornecimento de um aporte teórico para a realização do projeto (condições estabelecidas pelo enquadramento da disciplina para pesquisa diagnóstica), o que impôs ao grupo permanecer em um lugar de *"não-saber"*. Assim, o não-saber conceitual psicopatológico e o desconhecimento de uma técnica para abordar indivíduos nesse contexto, aliado ao caráter inusitado do projeto, parecem haver desarticulado os referenciais de atuação construídos ao longo do curso, bem como os ideais de atuação imaginários. Nessa perspectiva, atuar como psicólogo, naquele contexto, significava poder abdicar da imagem de psicólogo divulgada ao longo da graduação, além dos ideais de atuação construídos sobre essa imagem.

Assim, o enquadramento parece haver destituído as alunas de uma identidade que sustentava o *self* num estado de aparente organização. Ao romper com os estereótipos de atuação, o grupo foi remetido a estados de não-integração do *self*, equiparados à experiência de não-ser.

Na tentativa de aplacar as angústias decorrentes dessa experiência de não-ser, características dos estados de não-integração do *self*, o grupo inspira-se nos "contos de fadas", buscando revisitar "estados anteriores do ser" e, dessa forma, resgatar registros históricos familiares apaziguadores.

Esse movimento regressivo do grupo também pode ser compreendido à luz das contribuições de Bleger (1980), que teorizou sobre o funcionamento de grupos diante do objeto de conhecimento. Segundo Bleger, as respostas afetivas apresentadas quando há o confronto com o objeto de conhecimento apontam para as oscilações características de momentos específicos do desenvolvimento psíquico. Dentre os momentos apresentados pelo autor, abordaremos os "momentos confusionais" e "momentos esquizóides".

Os primeiros caracterizam-se por um fracasso defensivo e a subseqüente vivência de indiferenciação entre o eu e o objeto. Já o "momento esquizóide" é compreendido como uma estabilização da distância em relação ao objeto de conhecimento, o que é feito "através de um alheamento, em que o indivíduo se volta sobre os objetos internos". Para Bleger (1980), as atitudes observadoras e silenciosas resguardam o sujeito de possíveis estados de indiferenciação para com o objeto de conhecimento.

Além disso, no grupo aqui analisado, os "momentos esquizóides" podem ser verificados nas tentativas de recorrer à técnica lúdica como recurso para evitar os estados de indiferenciação característico dos "momentos confusionais". Assim, apropriar-se de uma técnica terapêutica consagrada parece salvaguardar as alunas das "angústias decorrentes dos estados de não-ser" e sustentá-las, ainda que ilusoriamente, no alentador lugar de ser "psicóloga". Ao mesmo tempo, a referida "caixa lúdica" inclui-se em um repertório de atuação, conhecido para as alunas, o que as faz vislumbrar a possibilidade de induzir e, assim, antecipar o devir por meio de uma intervenção terapêutica conhecida e familiar:

"(...) Dessa forma, poderíamos conhecer a subjetividade dessas pacientes e, ao mesmo tempo, trabalhar com os conflitos que pudessem surgir (...)."

Diante dessa análise, pode-se deduzir que o tema proposto inicialmente se referia integralmente aos conflitos intersubjetivos do

118 ENSINO-APRENDIZAGEM DE PSICOPATOLOGIA: UM PROJETO COLETIVO

grupo que se reeditavam naquela ocasião. Considera-se, entretanto, que os movimentos afetivos adotados pelo grupo até então são inerentes ao processo de construção de conhecimento.

Sendo assim, o projeto "Contos de Fadas" assentava-se sobre a história de cada um dos integrantes do grupo que, naquele momento, a compartilhava em sua totalidade. As questões subjetivas que inviabilizavam a proposta e se interpunham no processo de construção de conhecimento correspondiam a pontos de tensão, decorrentes da angústia que, evidentemente, deveriam ser explicitados em supervisão. Dessa forma, as supervisões foram utilizadas para refletir sobre o impacto da tarefa proposta pelo grupo e suas relações subseqüentes com a eleição do tema. Foram assinaladas as angústias e as respectivas defesas subjacentes à escolha do tema, bem como as concepções de saúde e doença, albergadas na proposta apresentada.

Na ocasião em que o pré-projeto foi apresentado à equipe técnica da 2ª Clínica Feminina foi retomado o enquadramento institucional que não autorizava atividades com objetivos terapêuticos de cunho psicológico. Entretanto, a escuta seletiva das alunas desconsiderou os apontamentos realizados em supervisão, assimilando apenas o caráter cerceador do enquadramento institucional.

"(...) No entanto, o mesmo não pode ser realizado porque, segundo a equipe técnica do hospital, nós não teríamos condições de administrar possíveis conteúdos projetivos que seriam mobilizados com essa proposta."

Esse relato revela que a delimitação do campo de atuação, pela instituição foi recebida como a confirmação da "incapacidade" do grupo, o que aponta para a impossibilidade de pensar reflexivamente. O grupo ainda não possuía disposição afetiva suficiente para suportar a angústia e deixar-se vagar no universo de possibilidades criadas pelo pensamento. A retomada do enquadramento institucional desarticulou os referenciais iniciais sustentados pela temática do projeto, o que lançou o grupo novamente nos lugares de *"não-saber"* e fez re-emergir as angústias paranóides: *segundo a equipe técnica do hospital, nós não teríamos condições de administrar possíveis conteúdos projetivos que seriam mobilizados com essa proposta.* Assim, o grupo decide elaborar uma nova proposta de trabalho:

> *"(...) o projeto 'Feminilidade e Higiene Pessoal'. Iniciamos com o objetivo de oferecer às pacientes a oportunidade e um espaço para os cuidados com o corpo. Pretendemos reafirmar-lhes que possuem um corpo que necessita de cuidados especiais para que se preserve a saúde física, o bem-estar, a estética. Portanto, com nosso trabalho, pensamos em possibilitar às pacientes o desenvolvimento da auto-estima."*

Entretanto, nessa nova elaboração, perseverava o tema da "recuperação mágica":

> *"Assim, os cuidados com a estética foi a maneira que encontramos para que as mulheres se 're-apresentem' e se 're-encontrem' diante do único bem que possuem: o próprio corpo".*

O invólucro do projeto foi modificado, porém seu conteúdo permaneceu aparentemente intacto e reaquecido por um "antes e depois" do salão de beleza, similar à "magia dos Contos de Fadas":

> *"(...) pensamos em fotografar as pacientes 'antes' do salão de beleza e 'depois' (...) nosso intuito é fazê-las perceber os benefícios do cuidar-se (...)."*

A tentativa do grupo era de encontrar soluções que lhes permitisse evadir-se dos sentimentos de impossibilidade, advindos do contexto vivido. Buscavam artifícios para transformar as mulheres, retirando-as do estado de "caos" generalizado. Porém, modificar o outro é uma promessa de poder modificar a si próprio: com o salão de beleza, o grupo poderia recuperar sua crença no potencial de cura do psicólogo. Paradoxalmente, o cenário articulado por defesas que visam preservar as representações do psicólogo com poderes de cura sugeria que essa mesma representação estava prestes a desmoronar.

A saúde, ainda que remetida ao corpo, aparece aqui como um antídoto contra a "doença", que revela uma concepção que carrega resquícios do modelo médico. Preconiza-se o corpo como um dispositivo potente para possibilitar a *"re-apresentação"* das pacientes. É como se o tratamento do corpo possibilitasse o encontro com quem o habitasse. Assim, os discursos acenam para "um outro" perdido em um corpo e que pode ser (magicamente) *"trans-formado"* pela reordenação estética.

Entretanto, ainda que essa concepção abrigue, nas entrelinhas, a expectativa da "recuperação mágica", articula-se de maneira distinta do primeiro tema apresentado. Nesse momento, as perspectivas de "cura" estão presentes na vida atual das pacientes e não mais na "infância perdida". Dessa forma, as pacientes passam a ser olhadas a partir de uma potência – o corpo, que as inscreve na realidade e, concomitantemente, descrevem a forma com que habitam o mundo:

> *"(...) Pretendemos reafirmar-lhes que possuem um corpo que necessita de cuidados especiais (...) foi a maneira que encontramos para que as mulheres se* 're-apresentem' *e se* 're-encontrem' *diante do único bem que possuem: o próprio corpo".*

A partir do relato, verifica-se que a estética apresenta-se como um recurso para organizar o "caos" generalizado. Para as alunas, o corpo, esteticamente modificado, também poderia alterar a inserção do sujeito na caótica realidade hospitalar:

> *"(...) laboramos o projeto "Higiene Pessoal e Feminilidade" para auxiliar as internas a desenvolver um modo de viver diferenciado, mesmo vivendo no Complexo Hospitalar Juquery (...)."*]

Com isso, verifica-se que o grupo caminhou, ainda que timidamente, de uma organização que se alternava entre "momentos confusionais e esquizóides" para um "momento obsessivo", caracterizado por Bleger (1980) pela necessidade de "controlar o objeto de conhecimento através de rituais, ou esquemas referenciais estereotipados". Assim, os mencionados *"cuidados com a estética"* traduzem as tentativas de colocar uma ordem, esteticamente aceitável e ascética, no universo caótico das pacientes.

Embora persista a temática da "salvação" típica do pensamento infantil, o grupo deu novos passos rumo à investigação, começando a formular questões relativas à definição de doença X saúde mental:

> *"(...) as pacientes caminham como 'zumbis', parece que não estão dentro do próprio corpo (...)."*

> *"(...) nossa meta é favorecer às pacientes o relacionamento com o corpo que parecem haver perdido com a doença e a internação prolongada (...)."*

Além disso, surgiram indagações relacionadas aos efeitos da internação e de uma possível ação terapêutica que poderia minimizá-los:

> *"(...) cuidar da estética pode ajudá-las a ficar diferentes nas mínimas coisas: a cor do batom, do esmalte, o jeito de pentear-se (...) além de tirar essa cor 'cinza' que todas têm (...)."*

As mínimas coisas não são pequenas. São aquelas que nos tornam singulares. A percepção do grupo é pertinente à realidade das pacientes. A perda da identidade, a impressão de inexistir um sujeito naquele corpo deambulante, são sinais capturados pela percepção do grupo que comunicam um "alheamento de si" tão próprio das psicoses. Ao mesmo tempo, a referência às pacientes *"zumbis"* retrata informações, também advindas da percepção, a respeito da forma com que aquele sujeito se insere no mundo.

Contudo, embora a percepção do grupo capte esses sinais, o pensamento ainda não pode pensá-los. Pensar significa conter as imagens que se apresentam à percepção, suportar a angústia de permanecer com essas mesmas imagens para metabolizá-las, colocar-se no lugar do outro e, fundamentalmente, indagar. As alunas percebem a realidade, mas querem distanciar de seu olhar, a imagem dolorosa. Portanto, não pensam reflexivamente e sim ingenuamente. Buscam ações imediatas, tentando evadir-se da dor que deriva da impossibilidade de transformar o sofrimento psíquico das pacientes em um outro estado mental. Assim, o "depois" do salão de beleza apresenta-se ao grupo como uma promessa de restituir, no real, a identidade perdida: das pacientes e do grupo, como psicólogas.

Esse último aspecto deriva de um contexto em que o grupo, desarticulado das representações iniciais idealizadas, busca retomá-las por meio de um "fazer salvador". Ao propor uma tarefa assentada sobre princípios relacionais, que são constitutivos – o contato com a pele, cheiro, olhar – as alunas traçam, da mesma forma que as mulheres, os contornos de si, como psicólogas.

É evidente que a ausência de uma teoria, que designe a modalidade de ação investigativa e interventiva impõe buscar o saber em registros singulares. Esses, por sua vez, podem ser analogamente pensados, conforme proposto por Bollas (1992), ou seja, como "conjuntos históricos inomináveis que habitam a memória afetiva do sujeito". Nesse sentido, correspondem a experiências primárias, que não podem ser comunicadas, na medida em que se inscrevem no arsenal das primeiras sensações.

Dessa forma, as alunas oferecem cuidados às pacientes, da mesma forma que se espera que os seres humanos sejam intro-duzidos no mundo: a partir dos cuidados maternos primários. Sob a perspectiva de quem ensina, o momento requer respeito, acom-panhamento e a profunda crença de que essa proposta, que convida a totalidade do grupo à experiência, irá se constituir, numa outra modalidade de saber.

Segundo tempo: um convite
ao "fazer"

"Cessa o teu canto. Cessa, porque enquanto o ouvi, ouvia
uma outra voz como que vindo dos interstícios do
brando encanto com que teu canto vinha até nós."

Fernando Pessoa

Nesse tópico, enfoca-se o encontro do grupo de alunas com as cinco pacientes que participaram do projeto. Como todo encontro envolve a expectativa de ser aceito bem, assim como de poder receber o outro, o que aqui descreveremos traduz os afetos advindos do confronto entre o esperado e a realidade:

"Antes de iniciarmos as atividades, conversamos com as cinco pacientes indicadas pela equipe técnica da 2ª Clínica Feminina para convidá-las a participar do trabalho. Explicamo-lhes como seriam realizadas as atividades, em que dias, local e horário dos encontros. Nessa mesma ocasião falamos que a proposta era de montar um 'Salão de Beleza', para que elas pudessem arrumar os cabelos, fazer manicure, pedicure e maquiagem."

Uma vez explicitada que a finalidade do encontro era convidar, restava ao grupo de alunas aguardar a resposta das pacientes:

"As pacientes escutaram atentamente, porém não verbalizaram nada. A paciente Francisca sugeriu que deixássemos um dia no decorrer do projeto para depilação."

"Escutar é calar-se para o outro; quem cala, consente".
E assim foi interpretado o silêncio das quatro pacientes que não se manifestaram: "(...) *As pacientes escutaram atentamente*". Entretanto, movidas pelo temor de não serem aceitas, as alunas atribuíram ao silêncio o sentido de um consentimento duvidoso. Sendo assim, as solicitações de Francisca causaram um efeito tranqüilizador, pois ecoaram às alunas como o aval esperado e necessário para iniciar o projeto:

> *"Feito isso, concordamos com o pedido de Francisca e combinamos de iniciar efetivamente o trabalho de manicure, pedicure, higiene pessoal e maquiagem (...) Lembramos às pacientes que os encontros seriam acompanhados de conversas (...)."*

A presença do silêncio, num contexto em que se esperava a conversa, prenunciou um devir desconhecido. Diante da angústia advinda dos sentimentos de frustração e do medo do desconhecido, o grupo também calou a própria percepção. Assim, as sugestões de Francisca condensavam, no entendimento do grupo, a receptividade de todas as pacientes. Francisca tornou-se muitas.

Além disso, o relato aqui apresentado tenta ocultar um silêncio que, paradoxalmente, é desvelado no próprio texto: "(...) *Lembramos às pacientes que os encontros seriam acompanhados de **con-versas** [grifo nosso] (...)."*

É evidente que as palavras utilizadas no encontro inicial foram insuficientes para o estabelecimento de uma "conversa", uma troca. A aparente contradição, implícita no relato, denuncia o que as alunas tentaram ocultar diante do inusitado do encontro: a frustração diante do silêncio das pacientes.

Um encontro que parecia pautar-se imaginariamente na expectativa de uma conversa acabou por inserir o grupo num universo de possibilidades "estranhas" às relações socialmente construídas. Segundo Freud (1919), "o estranho", pode associar-se tanto ao não-familiar desconhecido quanto ao que deveria ter permanecido secreto e veio à luz. Ou seja, o "estranho" é assustador justamente por remeter ao "conhecido-familiar", que deveria permanecer oculto (recalcado). A interpretação minuciosa dos relatos ilustra esse aspecto. Num primeiro momento, o grupo "lembra" às pacientes a necessidade de conversar, na tentativa de atenuar as angústias advindas do impacto com o silencioso encontro. Com isso, também asseguram o poder das próprias palavras para "dar voz" às pacientes. Esse movimento deflagra nas alunas a negação defensiva dos sinais apresentados à percepção, atribuindo ao silêncio o sentido de "não querer" em vez de "não poder" falar. Possivelmente isso ocorre porque perceber que as pacientes "não podem" falar, em função do comprometimento psíquico, significa admitir a própria finitude e limitação, além da negação do que fora idealizado, o que, evidentemente, amplia as dificuldades do devir.

O efeito "estranho" da experiência deve-se à impossibilidade do grupo em aceitar que as questões que envolviam as pacientes não eram ocasionadas somente por ordem estética ou derivadas dos maus-tratos advindos da institucionalização. Derivavam fundamentalmente do próprio objeto de investigação: a percepção da Psicopatologia que acometia aqueles indivíduos.

Nessa perspectiva, apropriar-se disso implicava perceber a si e ao outro não mais a partir da similitude – *"lembramos que os encontros seriam acompanhados de conversas"*, mas, sim, dos traços que marcam as diferenças.

O ritmo impresso nos relatos revela movimentos psíquicos que transladam de estados psíquicos de onipotência, em que a percepção do objeto resulta alterada em função da indiscriminação entre desejo e exterioridade (ego X não-ego), para um nível de autopercepção (discriminação) que mergulha as alunas na fragilidade negada:

"(...) No primeiro encontro estávamos muito retraídas pelo medo de ficar na Clínica sem a supervisão da equipe técnica do hospital, ou mesmo da professora responsável (...)."

Nesse momento, observa-se que o grupo se apropriou de seus temores e assume que, de fato, está numa experiência não-conhecida e que a correspondência entre expectativa e realidade que se revelou no início não lhes dá garantias de acessibilidade fácil às pacientes. Com isso, as alunas passam a necessitar serem olhadas pela *"supervisão"* de alguém "responsável", que idealmente tem o saber. A perda súbita dos sentimentos de onipotência "reformadora" remete o grupo àquilo que lhe falta. Naquele contexto, faltava-lhes o saber constituído, depositado, então, no olhar de quem supostamente sabe: os supervisores.

Delicado esse momento em que se intima o professor a comparecer, munido de um saber que também não possui... É preciso não temer romper com os lugares de saber instituídos e ousar desnudar-se diante do grupo, com um simples *"não sei"*. Isso porque, de fato, não há recurso humano que possibilite antecipar as experiências que ainda estão por vir. Entretanto, pode-se tentar caminhar *com o outro,* convidando o pensamento a examinar as questões subjacentes ao desamparo vivido:

> *"(...) tivemos muita dificuldade quando nos deparamos com os precários hábitos de higiene das pacientes, muito diferentes dos nossos e por isso muito difícil de lidar (...)."*

Nesse momento, a realização do projeto impõe uma condição absolutamente humana às alunas: *o ter de se haver com a diferença.* Contudo, a despeito da evidente aridez do ambiente[12] em que se deu a realização do projeto, a percepção da diferença foi o primeiro passo para esvanecer as expectativas de diluir essas diferenças, por meio de propostas transformadoras. Nessa perspectiva, as pacientes são de fato escutadas pelas alunas:

---

[12] Ambiente aqui é compreendido como a totalidade da experiência.

"(...) a carência afetiva das pacientes é muito grande. Elas pedem, desde uma roupa limpa, até colo e têm uma profunda necessidade de tocar as pessoas (...)."

"As pacientes pedem roupa, colo, toque". Com isso pedem contornos que tracem os limites do "eu" que habita aqueles corpos. A necessidade de tocar é profunda, assim como é profundo e inevitável o *desencontro* que paradoxalmente nasce do *encontro* com a relação. Foi a partir da percepção de que uma *relação* tem *"muitos outros"* que as alunas puderam refletir sobre o sentido das palavras ditas, por intermédio do corpo das pacientes, e pensar sobre o vivido.

Evidentemente que esse momento marcou o início de uma investigação que buscava desvendar o sentido dos acontecimentos experimentados na relação com as pacientes. O grupo queria a essência daqueles gestos e tentava organizar-se para não se deixar aprisionar a expectativas de ações ideais. Nessa conjuntura, abriam-se espaços para a observação, reflexão e, fundamentalmente, o pensamento.

TERCEIRO TEMPO: "O FAZER-SABER"

"Um rio precisa de muita água em fios para que todos
os poços se enfrasem: se reatando, de um para outro
poço, em frases curtas, então frase a frase, até a
sentença-rio do discurso único em que,
se tem voz, a seca ele combate."

João Cabral de Mello Neto

Serão agora relatados os encontros do grupo de alunas com as pacientes, no decurso das atividades do projeto, priorizando os momentos em que o grupo efetivamente realiza seu percurso no sentido da investigação psicopatológica psicanalítica. Retoma-se que os relatos e a análise subseqüente serão descritos numa seqüência temporal, conforme a ordem de ocorrência dos acontecimentos vividos. Segue o relato do primeiro dia de atividade:

"(...) Nos primeiros encontros estávamos muito retraídas pelo medo
e ansiosas. A primeira decisão do grupo, ao entrar na sala onde
iríamos realizar o projeto, foi de trancar a porta (...)."

O relato é enfático: "trancar a porta" foi a primeira decisão tomada pelo grupo de alunas. Não há referência a uma palavra, um olhar ou outro gesto. "Trancar a porta" causa um impacto à escuta, pois reedita uma ação fielmente manicomial, que traz implícitos inúmeros sentidos.

Em primeiro plano, reflete o temor do grupo diante da perspectiva de diluição de sua própria identidade, ameaçada pelo ingresso de novos integrantes. Temor, retraimento e ansiedade são afetos explicitamente descritos e associados com a inauguração de uma nova etapa do projeto que agregava à tarefa indivíduos, até então, presentes apenas virtualmente. Doravante, as pacientes não seriam mais uma virtualidade, e sim complementariam o grupo no real.

Disso decorre que as alunas se depararam novamente com uma experiência inusitada, cujos contornos seriam pautados a partir da convivência rotineira com as pacientes, o que impunha a rearticulação das relações intragrupais e, evidentemente, ameaçava desestruturar a identidade previamente estabelecida. Diante da necessidade de mobilizar novos recursos para subsidiar a continuidade da tarefa, o grupo se reorganizou a partir de uma identificação com referenciais segregadores: "trancaram-se no local de trabalho com as participantes do projeto". Dessa forma reeditaram, via identificação, um ato com significações que só poderiam ser decodificadas a partir de um contexto em que a palavra é ausente.

O ato suprimiu as palavras, porém parecia dizer: "vamos nos isolar das outras loucas para conseguir formar um grupo de trabalho". Contudo, *"isolar-se de quê?"*. Possivelmente da ausência de discriminação presente no caótico cenário psíquico, que as submergia naquele momento.

A natureza e função dos "atos", no ambiente manicomial, foi amplamente estudada por Moffat (1934):

> *A principal característica da rede de comunicações dos hospitais psiquiátricos é que ela praticamente não existe. (...) fala-se principalmente através dos silêncios, porque esses silêncios se produzem quando é a situação que está falando. (...) a principal codificação é contextual* (p. 33).

E foi esse nível de comunicação, o corporal, a princípio reeditado em ato pelo grupo, que articulou inicialmente o trabalho. Isso porque as mulheres que participaram do projeto moram na instituição há no mínimo dez anos, o que faz com que permaneçam encistadas exatamente nessa modalidade comunicacional. O relato que segue sobre o funcionamento da 2ª Clínica Feminina demonstra esse aspecto:

"(...) existe uma pessoa que ocupa uma posição de autoridade na 2ª Clínica Feminina, Dona Divina; uma interna que abre e fecha as portas para as pacientes circularem dos dormitórios para o pátio (...) ela dá ordens a todas as outras pacientes que acatam, sem questionamentos."

Diante do exposto, pode-se supor a presença de um sentido periférico às ações tomadas: traçar os contornos de uma hierarquia inter e intragrupal.

Ressalta-se que a posse da chave, no âmbito daquela instituição, é privilégio dos funcionários ou dos pacientes[13] que, em função de critérios pautados em diferenças valorativas, conquistaram um lugar de poder. Assim, o grupo tentou delinear com ações, os contornos de um lugar de autoridade com as mulheres participantes e não participantes do projeto.

Prosseguem os relatos do grupo sobre o andamento do projeto agora enfocando a descrição da relação estabelecida entre o grupo e Maria, uma das pacientes participantes do projeto:

"No início do projeto ela comparecia até a sala onde estávamos instaladas e não queria participar de nada. Permanecia o tempo todo calada, com o olhar estático. Parecia petrificada: fechava as mãos, colocando-as para trás e se recusava a participar de qualquer atividade. Entrava e saía da mesma maneira: muda."

Os ecos do silêncio de Maria na interioridade das alunas fez emergir inúmeras questões. Inicialmente o grupo não via um caminho de aproximação possível: *"(...) ela não queria participar de nada. Permanecia o tempo todo calada (...)"*.

O grupo, novamente em busca de palavras ou ações socialmente referenciadas, demonstrou uma tendência a afastar-se da paciente:

---

[13] No Complexo Hospitalar Juquery, esses indivíduos são denominados "funcientes" e, em função do lugar intermediário que ocupam na instituição, possuem um *status* diferenciado.

"(...) Ela não vem por vontade própria, nós tínhamos de buscá-la no pátio (...) nossa vontade às vezes era de esquecê-la."

Nessa experiência relatada, observa-se que as alunas permutaram o fechamento das portas reais pelas portas internas. A falta de envolvimento de Maria com o grupo lança-as diante da percepção da própria finitude e provoca reações de distanciamento similares às da paciente.

As manifestações afetivas, decorrentes desses encontros, foram utilizadas como um recurso para subsidiar as supervisões. Sendo assim, o impasse, resultante da incômoda presença de Maria nas atividades, foi abordado a partir de uma dupla perspectiva. O grupo poderia adotar uma atitude de desinvestimento e até de esquiva na relação com a paciente, ou poderia refletir e investigar as significações das situações vividas pela totalidade do grupo. Essa intervenção foi realizada em virtude da necessidade de desarticular as defesas presentes no grupo, responsáveis pela imobilização do processo de construção do conhecimento. Além disso, visava instigar as alunas a buscar um sentido para as atitudes assumidas e, evidentemente, realizar a mesma coisa com a paciente.

Com isso, puderam indagar-se sobre as expectativas depositadas na tarefa, bem como as angústias advindas da impenetrabilidade da paciente e, conseqüentemente, sobre as determinações psíquicas que operavam o distanciamento afetivo observado. A partir de então, o grupo evidentemente começou a tentar resgatar a relação com Maria. Percebe-se que nesse projeto a investigação psicopatológica iniciou-se a partir dos elementos que se interpuseram *na relação* tecida entre a totalidade do grupo.

Retorna-se às falas das alunas:

"Ao longo de nossos encontros, seus comportamentos foram se modificando gradativamente: ela passou a ficar menos retraída e começou a entrar na sala por vontade própria. Porém ainda não se expressava verbalmente."

A tensão que envolvia os participantes do trabalho diminuiu, o que abriu espaços para o acolhimento e a observação. E como as modificações em uma relação têm influência sobre a subjetividade dos envolvidos, Maria possivelmente sentiu-se autorizada a participar do grupo, da maneira que lhe era possível apresentar-se. Observa-se que o acento dado, no relato, às novas atitudes da paciente demonstra que o grupo interpretou esse movimento como o início rudimentar de um vínculo. Nessa perspectiva, a iniciativa da paciente indicou que o grupo habitava sua vida afetiva.

Por outro lado, a crescente aproximação da paciente às atividades, revelada no comparecimento assíduo, aliada às modificações de suas atitudes, reacendeu as expectativas de que, em algum momento, a paciente se expressasse verbalmente: *"(...) começou a entrar na sala por vontade própria. Porém ainda não se expressava verbalmente"*.

Verifica-se com isso que a despeito do grupo haver iniciado investigações que esclarecessem o comprometimento psíquico de Maria, ainda não podia abdicar das aspirações de encontrar nela um indivíduo com outra modulação psíquica. Assim sendo, as alunas aguardavam o dia em que imaginariamente o silêncio seria rompido.

Segue-se a trama da história tecida por essa relação:

"Em um dos atendimentos ocorreu um incidente com a Maria: levou à boca um algodão embevecido com acetona. Ficamos muito assustadas e inicialmente sem reação. Num dado momento, uma das alunas integrantes do grupo teve o impulso de pedir-lhe para abrir a boca. Maria não atendeu de imediato, mas a aluna insistiu e retirou o algodão (...)."

Esse episódio parecia corresponder, ainda que parcialmente, às expectativas das alunas. Maria rompeu o silêncio de forma intempestiva e novamente lançou o grupo nas vicissitudes dos atos sem palavras. Contudo, a perplexidade evocada por aquele momento não se referia mais ao vazio que habitava as ações da paciente e sequer à sua ausência de palavras, mas, sim, à intensidade pulsional revelada pelo movimento:

"(...) chegamos à conclusão de que teríamos que ficar atentas à Maria e não descuidar mais do material utilizado (...) parecia que ela não tinha noção de que poderia engasgar ou sufocar com aquele algodão."

A tendência anterior do grupo, em desinvestir a relação com a paciente, por considerá-la um "quadro psicopatológico sem perspectivas", teve de ser revista. A Psicopatologia não é uma "entidade suspensa no ar" que recai sobre o sujeito e o transforma em um nosófito previsível. A inegável vitalidade, apresentada por Maria, exigiu revisão das elaborações construídas sobre experiências anteriores. Exigiu ainda a mobilização de recursos afetivos, teóricos, e fundamentalmente técnicos, que pudessem redefinir suas ações interventivas.

Diante disso, as intervenções futuras passaram a ser influenciadas pela possibilidade do grupo pensar sobre a própria experiência. Assim, organizaram-se de forma a atender às necessidades da paciente, decidindo tomar providências como: *"(...) ficar atentas à Maria (...)"*. E a seguir: *"(...) não descuidar mais do material utilizado (...)"*. Com isso, torna-se flagrante a preocupação em criar um ambiente pertinente ao funcionamento psíquico regredido da paciente. Contudo, as alunas perceberam que essas medidas, por si só, eram incipientes, sendo necessário inscrever algo novo naquela relação. Por isso decidiram:

"(...) conversar abertamente com a paciente e explicar-lhe as razões que nos fizeram retirar o material das atividades."

Por último, buscaram estabelecer significações que esclarecessem ao grupo a ausência de crítica de Maria, bem como o sentido de seus atos naquele contexto:

"Essa mesma paciente, em uma outra ocasião, entrou na sala reservada para as atividades com uma 'bituca' de cigarro acesa. Quando uma das alunas lhe pediu que jogasse fora, Maria colocou o cigarro inteiro na boca. Ela agiu como criança, pois realizou exatamente o oposto do que lhe pedimos (...)."

A cada encontro Maria causava nova surpresa, o que demandava intervenções imediatas e inusitadas por parte do grupo. Esse, gradativamente, foi apropriando-se do vivido, por meio dos recursos advindos do pensamento reflexivo. O pensar atenuava o caráter bizarro dos acontecimentos, permitindo ao grupo transcender lugares contemplativos, para ocupar lugares ativos na relação. A angústia não os imobilizava mais, e sim mobilizava-os a lançar-se *na relação* com Maria.

Ela, por sua vez, tentava lidar com as vicissitudes do *"não-eu"*, o que é vivenciado pelas crianças quando ensaiam os primeiros passos em direção à diferenciação de objeto:

"(...) realizou exatamente o oposto do que lhe pedimos (...)."

Diante dessa referência, observa-se que o grupo podia discriminar que as experiências apresentadas pertenciam à paciente e não ao grupo, o que revela sua capacidade de usar o próprio sentido de identidade como um recurso de percepção. Assim, as alunas perceberam o caráter perturbador da experiência, sem negar a correspondência com seus próprios aspectos psíquicos. Ao mesmo tempo, compreendem que o funcionamento egóico da paciente operava em níveis iniciais do desenvolvimento psíquico, o que fez com que se apropriassem da função, que a paciente não pôde exercer plenamente:

"Em outra situação semelhante, uma das estagiárias pede que a paciente jogasse fora as 'bitucas' e não mais levá-las à boca. Dessa vez a paciente atende ao pedido, porém fica muito brava durante toda a atividade(...)."

136   ENSINO-APRENDIZAGEM DE PSICOPATOLOGIA: UM PROJETO COLETIVO

O diálogo que se estabeleceu entre a totalidade do grupo é evidente nos últimos relatos. Naquele momento, o grupo já podia prescindir das palavras da paciente, mas não podia mais abdicar das próprias palavras. Assim, escutavam, acolhiam e respondiam, com palavras e ações elaboradas, aos afetos despertados pelas manifestações comportamentais regredidas de Maria. Haviam conquistado uma permeabilidade afetiva que lhes permitia se envolver, sem temer diluir-se nos estados psíquicos primitivos da paciente. Conseqüentemente, a relação passou a pautar-se no acolhimento:

"No encontro seguinte, Maria chega para a atividade e observamos que seu braço tremia. Perguntamos o que era e ela falou, num tom quase inaudível, que estava doendo."

E uma vez instaurada a observação e a escuta, Maria pôde falar de sua dor. Supõe-se que as intervenções das alunas, agora realizadas nos registros simbólicos, evidentemente repercutiram na paciente, que utilizou a linguagem para comunicar uma experiência de dor. O aspecto curioso desse acontecido é que a primeira comunicação verbal da paciente é remetida ao corpo e serve para enunciar processos que têm como fonte esse mesmo corpo. Nesse sentido, habita registros estéticos, porém pertinentes a uma temporalidade muito aquém da que foi inicialmente pretendida pelo projeto.

"(...) a princípio não acreditávamos que a paciente havia respondido à pergunta da aluna; tivemos inclusive dificuldade de entender o que dizia. Em seguida, uma das estagiárias pediu autorização à paciente para passar um remédio e ela esticou a perna indicando o local (...) a estagiária acatou o pedido e massageou-lhe a perna."

A descrição da cena confirma a ocorrência de um processo de construção. Na medida em que foram superadas as angústias de desintegração, o temor de cair nos mesmos abismos psíquicos que a paciente, o medo de dissolução da identidade grupal e as frustrações diante dos sentimentos de finitude, gradativamente o grupo pôde avançar no sentido do próprio desenvolvimento psíquico. Dessa forma, parecem haver conquistado a capacidade de colocar-se dentro e fora do outro e suportar as angústias inerentes a tal estado de flutuação psíquica. Paralelamente, o grupo demonstrou haver integrado a investigação psicopatológica ao convívio cotidiano com as pacientes:

> *"(...) percebemos que com a intimidade conquistada, nossa atenção ampliou-se para as mínimas expressões da paciente e, nessa ocasião, ficou evidente que o projeto era um veículo que nos colocava em contato direto com as alterações psíquicas que estudávamos."*

Verifica-se que tanto o projeto quanto a investigação psicopatológica adquirem uma nova significação. De acordo com o descrito no relato, a intimidade da relação foi modificadora, trazendo conseqüências inevitáveis. Ela possibilitou a ampliação de funções psíquicas que até então pareciam adormecidas, revestindo-as de uma vivacidade que acabou por tornar a investigação psicopatológica um evento corriqueiro. Assim, o grupo começou a perceber que, no convívio cotidiano com o portador de sofrimento psíquico, a investigação psicopatológica possuiu importância periférica, na medida em que não foi a variável articuladora da relação. Nos relatos, observar-se que o eixo central, que operou a relação cotidiana com as pacientes, pautou-se na intimidade e no respeito às dificuldades apresentadas por aquele indivíduo.

Porém, ainda que ocupe um lugar periférico, a Psicopatologia foi "ressignificada" pelo grupo como o norteador das ações terapêuticas:

> *"(...) a estagiária julgou importante assinalar para a paciente que era sua perna que estava sendo massageada e perguntou-lhe se a*

perna também doía. A paciente não demonstrou entender, porém parecia confortável com o contato."

Pode-se supor que o assinalamento realizado pela aluna partiu da hipótese de possíveis alterações do esquema corporal da paciente. Assim, a aluna acolheu seu pedido e, ao mesmo tempo, tentou atribuir sentidos ao corpo indiferenciado.

"Aos poucos, esta paciente foi se mostrando mais interessada nas atividades e começou a participar (...) Certa ocasião, oferecemos-lhe o espelho. Ficou se olhando por muito tempo e parecia muito espantada com a imagem refletida. Solicitou que a estagiária retirasse uma verruga que tinha sobre a sobrancelha e uma mancha que tinha no rosto, que parecia ser desconhecida para ela. A estagiária explicou-lhe que não poderia retirar porque iria machucá-la."

Destaca-se no relato o envolvimento ativo das alunas que, por atitudes amadurecidas, partilharam das experiências de Maria. Ao mesmo tempo, utilizaram-se da observação como um recurso de apreensão do vivido. Nesse sentido, as intervenções realizadas cumpriram a função de atribuir sentidos ao que era exposto pela paciente, no aqui e agora da atividade. Ao passo que as relações entre causa e efeito, ou seja, entre o diagnóstico psicopatológico de Maria e suas ações, eram reservadas para a supervisão:

"A discussão sobre a Psicopatologia ficava para a supervisão. Quando distanciados da relação, podíamos investigar as atitudes da paciente e traçar uma ponte com o diagnóstico psicopatológico."

Com isso, as alunas foram realizando um verdadeiro *concern* com a paciente, caracterizado pela capacidade de acompanhar e significar uma seqüência ininterrupta de experiências concretas que, evidentemente, acabaram traçando os contornos do "eu":

"Numa ocasião posterior, a paciente solicita o espelho. Ela aparentemente conseguiu se ver, pois ficou admirando a imagem refletida. Essa paciente foi encaminhada para a Colônia ao término dos atendimentos."

Contudo, o acento dado às palavras "aparentemente" e "ver" reveste o relato de um tom que relativiza a realidade percebida. Isso indica que uma parcela significativa daquela experiência escapava à percepção objetiva, sendo, portanto, desconhecida do grupo. Assim, os elementos que depreendem daquela cena é que Maria admirou uma imagem, o que não garante que a imagem contemplada seja, sob o ponto de vista de Maria, sua própria imagem.

Torna-se evidente que o grupo admitiu que parte do percebido concernia à subjetividade do outro, não podendo, assim, ser conhecido a partir dos argumentos da realidade factual. Nesse ponto do trabalho, as limitações decorrentes da própria capacidade de apreender a totalidade da experiência foram toleradas:

"Os primeiros contatos com as pacientes foram muito difíceis: queríamos respostas rápidas e de fácil entendimento, mas, aos poucos, conseguimos mudar nossa postura e atitude. Por intermédio do nosso estágio no Complexo Hospitalar Juquery, entramos em contato com nossas limitações, bem como percebemos que o psicólogo não é um profissional onipotente que sabe, de antemão, como proceder diante das dificuldades."

O grupo demonstrou, então, que já pode sustentar-se em estados psíquicos de flutuação entre o *"não-saber"* e o *"saber"*, o que implica conviver com as angústias inerentes às relações terapêuticas:

"Percebemos que a angústia e a afetividade são as bases da relação terapêutica e que a escuta e a observação dessa relação são os instrumentos essenciais para conciliar a teoria com a prática."

A dissolução da crença na onipotência possibilitou a percepção dos contornos de si e conseqüentemente do outro. Dessa forma, o grupo rompeu com ideais de atuação imaginários e lançou-se, a partir de movimentos em que entrelaçam-se a subjetividade e a objetividade, rumo à apropriação de novos lugares de atuação, agora baseados em experiências realistas:

> *"Trabalhamos muito para conseguirmos assumir nosso papel, apreender Psicopatologia por meio da observação do discurso e dos comportamentos das pacientes, a partir das situações apresentadas. A partir desse trabalho, conseguimos modificar nossa visão de homem, independentemente do comprometimento psíquico, o que tornou a experiência única e enriquecedora."*

Além do conhecimento psicopatológico, as alunas conquistaram uma humanidade que lhes outorgou o direito de preencher o vazio do "não-saber", com recursos construídos a partir das experiências. O saber conceitual em Psicopatologia, na perspectiva apresentada pelas alunas, é *"apreendido"* e, nesse sentido, implica num *"trabalho"* de apropriação do vivido, que acaba por revestir esse mesmo saber de legitimidade.

O acompanhamento seqüencial dos relatos permite visualizar o trajeto percorrido pela angústia e respectivas defesas que, a partir do acolhimento e "ressignificação" do vivido, no espaço das supervisões, adquirem novas formas.

Para finalizar, retoma-se o relato que abriu este tópico, transcrito com a última referência das alunas, ao término do projeto:

> *"Nos primeiros encontros estávamos muito retraídas pelo medo e ansiosas. A primeira decisão do grupo ao entrar na sala onde realizaríamos o projeto foi de trancar a porta. Porém, com o tempo, isso se modificou; não mais nos preocupávamos em trancar a porta (...). Nos últimos dias esquecemos a porta aberta e algumas pacientes que não faziam parte do grupo adentraram à sala, fato que, para nossa surpresa, não nos preocupou."*

Nesse momento, finaliza-se esta análise interpretando esse recorte como uma metáfora que ilustra um caminhar de estados psíquicos primários, para uma desenvoltura amorosa, própria de organizações psíquicas integradas.

Se, inicialmente, temia-se a dissolução da identidade, ao término observa-se uma disponibilidade afetiva surpreendente, que se presentifica na capacidade de entrar no mundo do outro, sentindo suas alegrias e desesperos, sem temer se perder. Diante disso, o diagnóstico psicopatológico, em vez de ser utilizado como escudo protetor da angústia, passa a ser realizado para confirmar um conhecimento já experimentado no embate cotidiano com o paciente.

Concluindo, a referida porta que gradativamente vai despojando-se de suas trancas corresponde à abertura de espaços amorosos, que toleram os avanços e recuos próprios das relações humanas.

VI

CONSIDERAÇÕES FINAIS

Neste momento pode-se debruçar sobre a totalidade da história tecida pelo grupo, e finalizar este trabalho relacionando os aspectos emergentes na análise do projeto com as principais questões abordadas ao longo deste livro.

Evidentemente não se tem pretensão de concluir superando as contradições próprias de assuntos que envolvem temas plurais. Mas, sim, lançar mão do pensamento e transformá-lo em um conhecimento que forneça mobilidade para caminhar com as contradições.

Assim, um breve retorno à angústia pode iluminar essa discussão, na medida em que esteve presente nas suas inúmeras modalidades, ao longo do processo de ensino-aprendizagem.

Retoma-se que o advento dos projetos não correspondia aos primeiros contatos das alunas com as pacientes. As pré-concepções sobre a loucura já haviam sido abordadas por meio das estratégias utilizadas no período que antecede a realização dos projetos (primeiro semestre do curso).

Contudo, o segundo semestre do curso introduzia novas variáveis à rotina dos alunos nas aulas práticas. Doravante, os encontros com o portador de sofrimento psíquico teriam uma finalidade: a investigação psicopatológica realizada mediante uma intervenção reabilitadora, construída a partir do "saber singular do aluno".

Os encontros, agora pautados por um objetivo que deveria ser atingido mediante instrumentos criados pelo próprio grupo, desencadeou uma sucessão de "atuações" posteriores, derivadas do rompimento com os referenciais teórico-práticos anteriormente estabelecidos.

Buscando atender aos objetivos propostos, o grupo inicia um percurso revestido de avanços e retrocessos operados pela angústia de "não-saber". Diante dessa modalidade de angústia, recorrem a modelos teórico-técnicos já instituídos, na tentativa de preservar as referências assimiladas ao longo do curso e, assim, evitar estados de caos e não diferenciação psíquica.

Esse aspecto pode ser observado nas "ações" iniciais ao projeto, momentos em que o grupo oscilou entre idealizações do saber instituído e idealizações do próprio potencial profissional modificador. É evidente que essas defesas espelham a precária adaptação do grupo ao que fora solicitado, que pode ser interpretado como uma reação às mudanças que a aquisição de um novo conhecimento poderia proporcionar.

No primeiro encontro das alunas com as mulheres que participariam da atividade, reedita-se a mesma operação psíquica. Assim, "implantam" palavras imaginárias naquele contexto, revelando que a presença da angústia e respectivas defesas fez novamente esvanecer a percepção de realidade, o que se apresentava, naquele momento, como um obstáculo para "apreensão" do objeto de conhecimento.

A esse respeito, Pichon-Riviére (1980) acrescenta que a apropriação da percepção do objeto de conhecimento impõe modificações subjetivas, configurando a adaptação ativa à realidade por meio de um "interjogo dialético com o mundo".

Diante disso, supõe-se que o movimento subjacente ao grupo era de oposição involuntária à apreensão do novo conhecimento, embora manifestassem seu oposto.

Essas reações, no campo do ensino-aprendizagem, nada mais revelam do que os recursos subjetivos do sujeito, pois correspondem a etapas de um processo acomodativo que podem ser superadas com a explicitação das angústias e defesas subjacentes.

Na concepção de Bleger (1980):

> Não se pode operar além das reais possibilidades do objeto, mas tampouco além das possibilidades reais e momentâneas do sujeito; e as possibilidades psicológicas dos sujeitos são tão reais e objetivas como as do objeto (p. 62).

Segundo Bleger (1980), as possibilidades do sujeito são "reais e momentâneas", o que aponta para a relevância da supervisão na abordagem a esses conflitos. Assim sendo, deve orientar-se para uma escuta capaz de acolher esses estados temporários, como processos inerentes ao curso de um desenvolvimento que se configura a partir de avanços e retrocessos.

As diversas posições tomadas pelo grupo após as supervisões ilustram esse aspecto. Superavam as angústias e defesas num percurso afetivo oscilante, que variava entre tentativas de apropriação do vivido ao retrocesso aos referenciais experienciais anteriores. Entretanto, essas defesas invariavelmente fracassavam, na medida em que, no campo das relações humanas, não se retorna nunca ao mesmo estado anterior. Dessa forma, os imperativos da subjetividade de Maria, aliados à explicitação dos conflitos nas supervisões, lançaram o grupo nas vicissitudes do desenvolvimento.

Assim, o grupo seguiu sua experiência de apreender, percorrendo entre inúmeras modalidades de angústia e defesas, sem superar significativamente os obstáculos que se interpunham no campo do ensino-aprendizagem. Contudo, esse ritmo grupal interrompe-se, quando Maria transforma sua imobilidade em ato e leva à boca os objetos disponíveis.

Esse ato repercutiu como um grande evento que propiciou ao grupo transcender de posições passivas modeladas por temores infantis para uma posição ativa, ainda permeada pela angústia, porém modificada.

Assim sendo, abdicaram dos saberes teórico-técnicos instituídos que cumpriam com finalidades defensivas e se reorganizaram a partir dos recursos advindos da percepção do vivido. Doravante, as decisões tomadas pautaram-se "exclusivamente" no que foi percebido-conhecido durante a experiência compartilhada com Maria. Dessa forma, constataram que as primeiras intervenções deveriam incidir sobre o ambiente e que a palavra teria de ser utilizada "pelo grupo" e não por aquela que ainda não constituiu, ou perdeu suas significações.

Na seqüência, o grupo percebe que as palavras ditas por Maria são "mal ditas", na medida em que divulgam a escotomização caótica do corpo ao psíquico. Deduzem que palavras "mal ditas" carecem de palavras "bem ditas" e, passo a passo, vão dando um novo significado aos gestos, ao corpo, aos atos e a própria história tecida pela totalidade daquele grupo.

Uma vez superados os entraves impostos pela relação com Maria no processo de construção do conhecimento, o grupo pôde iniciar a investigação pretendida pela disciplina, com os recursos advindos da observação, reflexão e do pensamento. Ao mesmo tempo, retificaram conceitos idealizados de atuação clínica para ocupar lugares de relação pautados em recursos reais.

Neste ponto pode-se concluir uma das questões abordadas no início deste trabalho: a subjetividade como uma das variáveis subjacentes à configuração das abordagens assistenciais. Se tomarmos esses mesmos fatores subjetivos no âmbito da prática, e, portanto, da esfera pública, as distorções da percepção de objeto evidentemente correspondem às distorções em sua abordagem. Levando-se em conta que o cotidiano das relações humanas, em especial com os indivíduos que portam transtornos psicopatológicos graves, reedita a subjetividade de seus parceiros, pode-se concluir que a formação desses técnicos também deve contemplá-la como objeto de intervenção. E, nesse âmbito, um método de ensino que também contemple o sujeito em sua relação subjetiva com a experiência de aprender torna-se essencial para a constituição de atitudes profissionais críticas e modificadoras.

REFERÊNCIAS BIBLIOGRÁFICAS

ABDO, C. H. N. Ensino de Psicopatologia nas Instituições. In L.C.A. Ricotta *Caderno de Psicodrama: Psicodrama nas Instituições.* São Paulo: Agora, 1990.

ALBEE, G. *The Uncertain Future of Clinical Psychology.* American Psychogist, 25:1071 – 80,1970.

ALEXANDER, F. G. e Selesnick, S.T. *História da Psiquiatria.* São Paulo, IBRASA, 1980.

ALVES, R. *O amor que acende a lua.* Campinas/SP, Papirus, 2000.

AMARANTE, P. *O homem e a serpente: outras histórias para a loucura e a psiquiatria.* Rio de Janeiro, Fiocruz, 2000.

AMARANTE, P. (org.). *Psiquiatria Social e Reforma Psiquiátrica.* Rio de Janeiro, Fiocruz, 1998.

ANDRADE, L.Q. *Terapias expressivas: uma pesquisa de referenciais teórico-práticos.* Tese de Doutorado. São Paulo, Universidade de São Paulo, 1993.

ANJOS, Z.V. *A alma brasileira.* São Paulo, Saraiva, 1994.

ANTUNES, M.A.M. *A Psicologia no Brasil: Leitura Histórica sobre sua constituição.* São Paulo, Unimarco Editora EDUC, 1999.

AQUINO, J. R. V. (1995). *Relação Professor-aluno: Uma Leitura Institucional.* São Paulo, 265 f. Tese (Doutorado em Psicologia) – Instituto de Psicologia da Universidade de São Paulo.

148 ENSINO-APRENDIZAGEM DE PSICOPATOLOGIA: UM PROJETO COLETIVO

ASSIS, M. *O Alienista*. São Paulo, Editora Ática, 1994.

BARROS, D. D. Cidadania *versus* periculosidade social: a desinstitucionalização como desconstrução do saber. In P. Amarante (org.) *Psiquiatria Social e Reforma Psiquiátrica*. Rio de Janeiro, Fiocruz, 1998.

BAULEO, A. *Notas de Psiquiatria e Psicologia Social*. São Paulo, Escuta, 1988.

BERCEHRIE, P. *Os Fundamentos da Clínica: história e estrutura do saber psiquiátrico*. Rio de Janeiro, Zahar.1989.

BERGERET, J. *Personalidade normal e patológica*. Porto Alegre, Artes Médicas, 1988.

BIRMAN, J. *Ensaios de Teoria Psicanalítica*. Rio de Janeiro, Jorge Zahar Editor, 1993.

_____. *A psiquiatria como discurso moralizante*. Rio de Janeiro, Graal,1978.

BLEGER, J. *Psico-higiene e Psicologia institucional*. Porto Alegre, Artes Médicas, 1984.

_____. *Temas de Psicologia: entrevistas e grupos*. São Paulo, Martins Fontes, 1993.

_____. Psicanálise do enquadramento psicanalítico. In J. Bleger *Simbiose e ambigüidade*. Rio de Janeiro, Francisco Alves, 1988.

_____. *Psicologia da conduta*. Porto Alegre, Artes Médicas,1989.

_____. *Simbiose e Ambigüidade*. Rio de Janeiro, Francisco Alves, 1977.

BOCK, A. M. *Aventuras do Barão de Münchhausen na Psicologia*. São Paulo, EDUC,1999.

BOLLAS, C. *Forças do destino: Psicanálise e Idioma Humano*. Rio de Janeiro, Imago, 1992.

BORGES, T.W. *Sofrimentos da vida: a loucura no cotidiano de mulheres*. Dissertação de mestrado. Instituto de Psicologia da Universidade de São Paulo, 1995.

LIGIA M. ANANIAS CARDOSO 149

CAMPOS, R. H. de F. "Notas para uma história das idéias psicológicas em Minas Gerais". In Psicologia – *Possíveis olhares, outros fazeres.* Belo Horizonte, Conselho Regional de Psicologia – 4ª região(MG/ES), 1992 a.

_____. 30 anos de regulamentação. In *Psicologia: Ciência e Profissão.* ano 12, no 2, pp.5-7,1992b.

CASTEL, R. *A Ordem Psiquiátrica no Brasil: A Idade de Ouro do Alienismo.* Rio de Janeiro, Graal, 1978.

CHAUÍ, M. *Democracia e cultura: o discurso competente e outras falas.* São Paulo, Moderna, 1982.

COCCIUFFO, T. *Aprendizado de Psicopatologia: Encontro marcado com a loucura.* Dissertação de Mestrado. Instituto de Psicologia e Fonoaudiologia da Pontifícia Universidade Católica de Campinas, Campinas, 2001.

D' INCAO, M. A (org.) *Doença Mental e Sociedade: uma discussão interdisciplinar.* Rio de Janeiro, Graal, 1992.

ÉSQUILO. *A Trilogia de Orestes. Agamenon, As coéforas, As Eumênides.* Trad. Davi Jardim. Rio de Janeiro, Tecnoprint – Ediouro, 1988.

FOUCAULT, M. *Doença Mental e Psicologia.* Rio de Janeiro, Tempo, 1994.

_____. *História da Loucura.* São Paulo, Perspectiva, 1999.

FIGUEIRA, S. A. *Contratransferência de Freud aos contemporâneos.* São Paulo, Casa do Psicólogo, 1994.

FREUD, S. (1907) *La organizacion genital infantil.* Madrid, Biblioteca Nueva, 1948.

_____. (1911a) *Los dos princípios del suceder psíquico.* Madrid, Biblioteca Nueva, 1948.

_____. (1915) Lo inconsciente. *Metapsicologia.* Madrid, Biblioteca Nueva, 1948.

_____. (1915) La repression. *Metapsicologia.* Madrid, Biblioteca Nueva, 1948.

_____. (1916) *Introducion al psicoanalisis.* Madrid, Biblioteca Nueva, 1948.

FREUD, S. (1919) *Sobre la enseñanza del psicoanálisis em la universidad.* Madrid, Biblioteca Nueva, 1948.

_____. (1919) *El sinistro.* Madrid, Biblioteca Nueva, 1948.

_____. (1920) *Mas allá del principio del placer.* Madrid, Biblioteca Nueva, 1948.

_____. (1926) *Psicoanálises y Medicina.* Madrid, Biblioteca Nueva, 1948.

_____. (1927) *El porvenir de uma ilusion.* Madrid, Biblioteca Nueva, 1948.

_____. (1938) *Esquema del psicoanálisis.* Madrid, Biblioteca Nueva, 1948.

GABBARD, G. *Psiquiatria psicodinâmica na prática clínica.* Porto Alegre, Artes Médicas, 1992.

GOFFMAN, E. *Manicômios, prisões e conventos.* São Paulo, Perspectiva, 1974.

GUILHON de ALBUQUERQUE. *Metáforas da Desordem.* Rio de Janeiro, Paz e Terra, 1978.

_____. *Instituição e Poder.* Rio de Janeiro, Graal, 1981.

GUIRADO, M. Psicologia Institucional. In C. R. Rappaport. *Temas Básicos de Psicologia.* São Paulo, E. P. U. 1984.

HERMANN, F. *O que é psicanálise para iniciantes ou não...* São Paulo, Psychê,1999.

KATZ, C. S. *Freud e as Psicoses: Primeiros estudos.* São Paulo, Xenon, 1994.

LAPASSADE, G. *Grupos, Organizações e Instituições.* Rio de Janeiro, Francisco Alves, 1977.

LOBOSQUE, A.M. *Princípios para uma luta antimanicomial e outros escritos.* São Paulo, HUCITEC, 1997.

_____. *Experiências da Loucura.* Rio de Janeiro, Gramont, 2001.

LOPES, E. M. T. L. *A psicanálise escuta a educação.* Belo Horizonte, Autêntica,1998.

LOUZÃ NETO, M. R. (org.) *Psiquiatria Básica*. Porto Alegre, Artes Médicas,1995.

LUIPJEN, W. *Introdução à fenomenologia existencial*. São Paulo, EPU, 1992.

MACHADO, M.C.L. *Universo em desencanto: conceitos, imagens e fantasias de pacientes psiquiátricos sobre a loucura e/ou doença mental.* Tese de Doutorado. São Paulo, Universidade de São Paulo, 1995.

MACHADO, A. L. *Espaços de representação da loucura: Religião e Psiquiatria*. São Paulo, Papirus Editora, 2001.

MAHIEU, E.T. *História de la Psiquiatria*. Referência obtida via base de dados: PSICONET. Otros. Disponível na Internet: http://www. Psiconet. Org/otros/mikowski.htm. [14 jul. 2001].

MATURANA, H.R. *Da biologia à Psicologia*. Porto Alegre, Artes Médicas, 1995.

MELLO, S.L. O fio da navalha. In I. F. M. Catafesta. *A clínica e a pesquisa no final do século: Winnicott e a universidade*. São Paulo, Instituto de Psicologia da USP, 1997.

MOFFATT, A. Psicoterapia do oprimido. São Paulo, Cortes, 1991.

MELLO, S. L. *Psicologia e Profissão em São Paulo*. São Paulo, Editora Ática, 1978.

PESSOTTI, I. *A loucura e as épocas*. Rio de Janeiro, Editora 34, 1994.

_____ . *O século dos manicômios*. Rio de Janeiro, Editora 34, 1996.

_____ . *Os nomes da loucura*. Rio de Janeiro, Editora 34, 1999.

PICHON-RIVIÉRE, E. *El processo grupal. Del psicoanálisis a la Psicologia social.* Buenos Aires, Nueva Vision, 1980.

REZENDE, A. M. A Questão da Verdade na Investigação Psicanalítica. Campinas, Papirus, 1999.

ROSA, G. *Primeiras Estórias*. Rio de Janeiro, Editora Nova Fronteira, 1988.

ROUDINESCO, E. Por que a psicanálise? Rio de Janeiro, Jorge Zahar, 2000.

SAFRA, G. *As faces estéticas do self.* Tese de Livre Docência. Universidade de São Paulo, São Paulo, 1999.

SARACENO, B. *Libertando Identidades.* Rio de Janeiro, Te Cora Editora, 2001.

SCARCELLI, I.R. *O movimento antimanicomial e a rede substitutiva em saúde mental: a experiência do município de São Paulo,* 1989-1992. Dissertação de Mestrado. Universidade de São Paulo, São Paulo, 1998.

SUNDFELD, A.C. *O desafio de conviver na diferença: o saber-fazer nas equipes interdisciplinares de saúde mental.* Dissertação de Mestrado. Instituto de Psicologia e Fonoaudiologia da Pontífica Universidade Católica de Campinas, Campinas, 2000.

TASSINARI, R. A Alteridade e a Gênese da Clínica. 1996, 132f. Tese (Mestrado em Psicologia) Pontífica Universidade Católica de São Paulo, São Paulo.

TOFOLO, T.M.J.A. e MACHADO, M.C.L. Estudo de representações profissionais de saúde sobre deficiências através do uso do procedimento de desenhos-estórias com tema. Congresso Interno do Instituto de Psicologia da Universidade de São Paulo, 2, São Paulo, 1993. *Resumos,* São Paulo, 1993ª, p. L25.

TOFOLO, T.M.J.A. e MACHADO, M.C. Concepções etiológicas de alcoolistas sobre vivências alucinatórias. In Congresso Interno do Instituto de Psicologia da Universidade de São Paulo, 2, São Paulo, 1993, *Resumos,* São Paulo, 1993b, p. L26.

TOFOLO, T. M. J. A. (1991) *Uma Mistura de Gentes: Representações de Servidoras Psiquiátricas Sobre Sexualidade no Hospital Psiquiátrico.* In Congresso de Psicologia – CONPSIC, 2, São Paulo. *Anais.* São Paulo, Conselho Regional de Psicologia – 6ª região, 1992, p. 320-322.

TSU, T. M. A. Representações de colegiais sobre doença mental. *In Ciência e Cultura,* 43 (7), 857-858.

TSU, T.M.J.A. e BORGES, T.W. Representações de psicólogos sobre seu papel profissional no hospital psiquiátrico. In Congresso Interno do Instituto de Psicologia da Universidade de São Paulo, 1, São Paulo, 1991, *Resumos,* São Paulo, 1991b, p. N2.

VAISBERG, T.M.J.A. Transicionalidade e ensino de Psicopatologia: pensando as "aulas práticas" com Winnicott. In I.F.M. Catafesta *D.W.Winnicott e a Universidade de São Paulo.* São Paulo, Instituto de Psicologia da USP, 1996.

VAISBERG, T.M.J.A. e MACHADO, M.C.L Psicoprofilaxia grupal na clínica winnicottiana. In I.F.M; Catafesta *A clínica e a pesquisa no final do século: Winnicott e a universidade.* São Paulo, Instituto de Psicologia da USP, 1997.

VAISBERG, T. M. J.A *Encontro com a loucura: Transicionalidade e ensino de Psicopatologia.* Tese de Livre Docência. Universidade de São Paulo, São Paulo, 1999.

WINNICOTT, D.W. O pensar e a formação de símbolos. In C. Winnicott, R.Shepherd e M. Davis. *Explorações Psicanalíticas: D.W. Winnicott.* Porto Alegre, Artes Médicas, 1994.

YAZIG, L.(org.) *In Estudos Psicanalíticos.* A Instituição e as Instituições. São Paulo, Casa do Psicólogo, 1989.

ZIMERMAN, D.E. *Fundamentos Psicanalíticos.* Porto Alegre, Artes Médicas,1999.